L. Doczi

Letzte Liebe

Salzwasser

L. Doczi

Letzte Liebe

1. Auflage | ISBN: 978-3-84609-539-3

Erscheinungsort: Paderborn, Deutschland

Erscheinungsjahr: 2014

Salzwasser Verlag GmbH, Paderborn.

Nachdruck des Originals von 1884.

Letzte Liebe.

Schauspiel in 5 Acten

aus dem Ungarischen des L. Dóczi.

Wien, 1884.

Buchdruckerei von Reißer & Co., Wien, I. Krugerstraße 18
Verlag von Dr. O. F. Eirich.

Perſonen.

Ludwig von Anjou, genannt der Große, König von Ungarn.
Eliſabeth, die Königin.
Maria von Drugeth, ihr Mündel.
Bubek, Kanzler.
Stefan Laczfi von Apor, Wojwode von Siebenbürgen.
Servaz, ſein Knappe.
Julius von Monoszlai, genannt **Duczi**, Maria's Page.
Lorenz von Tóth,
Simon, ungariſche Edle.
Szerda,
Barbo Pantaleone, Geſandter von Venedig.
Francesco Carrara, Herr von Padua.
Francesco, ſein Sohn, genannt **Cecco**.
Katharina, ſeine Tochter.
Anſelma, deren Milchſchweſter.
Contarini, Doge von Venedig.
Dandolo, venetianiſcher Edler.
Giuglio.
Harcſa, ein ungariſcher Reiter.
Thürſteher, Gefolge, Officiere, Soldaten ꝛc.

Schauplatz: 1. Act in Ofen, 2. Act bei Sacile vor Treviſo,
3. und 4. Act in Viſegrád.

Zeit: 1360.

Erster Act.

Vorsaal im Ofener Königspalast. Rechts Wachen und ein Thürhüter, der den Eingang zu des Königs Gemächern bewacht. Links die Gemächer der Königin.

Thürhüter. Servaz.

Serv. Nicht hier, sagt Ihr?

Thürh. Der König ist allein.

Serv. Wenn mein Herr bei ihm ist, so ist der König
Ganz wie allein. Er ist sein alter ego.

Thürh. Es ist kein Alter und kein Junger d'rin.

Serv. Beata duplicitas. So kannst Du kein Latein?
O janitor! Ich meine Stefan Laczfi,
Baronem ab Apor und Wojwoden
Von Siebenbürgen, meinen gnäd'gen Herrn,
Den Gott erleuchten möge mit Verstand.
Ich hab' ihn heute Nacht umsonst erwartet.
Er war zuletzt bei einem Festgelag',
Von da verschwand er gegen Morgengrauen.
Ich hab' bei allen Damen angefragt,
Die alte Ehemänner haben — nirgends
Ward er geseh'n; ich war an allen Orten,
Wo man noch sauft, rauft oder sich verschnauft.
Ich fand ihn nicht. Nun such' ich ihn beim König.

Thürh. Verdammter Bursche! Glaubst Du, weil Dein Herr
Dem König hie und da ein Lächeln abzwingt,
Er schlaf bei ihm? Wir halten keine Herberg'.
Nun troll' Dich, denn die Stund' der Messe naht,
Dann treffen sich die Majestäten hier.
Dein Herr wird sich wohl finden.

Serv. Sachte, Freund.
Wenn Ihr des Königs Thür nicht besser hütet,
Als Eure Zunge, stehl' ich Euch den König.
Vorerst bedenkt, ich mag verdammt wohl sein,
Doch bin ich längst kein Bursch. Ich war im Kloster,

1*

Ich weiß Latein und hab' Philosophie.
So viel pro primo. Pro secundo ist
Mein Herr kein Lump — wie and're — wenn ich auch
Nicht seinen Wandel loben kann — pro tertio
Bin ich besorgt, nicht weil er feig und schwach,
(Sind wenig Ritter, die er nicht gezeichnet),
Vielmehr, weil Viele gegen ihn vereint sind —
Sie möchten ihn im Hinterhalt —

Maria geht über die Bühne zur Königin, **Duczi** trägt ihr die Schleppe
und das Gebetbuch.

Serv. (grüßt).   Gott segne
Eu'r Gnaden mit 'nem ord'ntlichen Gemal,
Den man des Morgens Früh am Platze findet.
Maria (zu Duczi). Wer ist der Mann?
Duczi.   Des Wojwoden Knappe.
Maria. Ein frecher Bursch.
Duczi.   Wie Herr, so Knecht.
Maria (ab zur Königin).
Serv. (geht nahe heran und sieht ihm in's Gesicht). Was gibt's?
                                          (Sich tief verneigend.)
Servus humillimus, domine eques!
Empfehlt mir den Barbier, der Euch rasirt.
So glatt hab' ich kein Kinn geseh'n, seitdem ich
Vom Kloster schied.
Duczi.   Du warst im Kloster? Ja
Und warst zum Küchenjungen selbst zu schlecht?
Da bist Du g'rade gut zu Apor's Knappen.
Wie oft des Tages prügelt Dich Dein Herr?
Serv. Wie oft des Tages streichelt Dich die Herrin?
Duczi (die Hand am Degen). Ich bin zu alt, mich streicheln
                                          noch zu lassen,
Zu jung, um Spott zu dulden von dem Knecht.
Zu edel, um mit Knappen mich zu messen,
Doch Mann genug, zu fechten mit dem Herrn. (Ab.)
Serv. Sehr gut gekräht, mein Hähnchen. Ah, da kommt er!
                                          Apor (kommt).
Apor. Muß ich Dich suchen, Schelm?
Serv.   Ich suche Euch!
Wo war't Ihr nur?
Apor.   Komm' rasch! (Zum Thürhüter.) Der König hat
Noch Niemand heut' geseh'n?

Thürß. Nein, gnädiger Herr!

Apor (zu Servaz). So eile. Rasch! Ich muß in frische
Kleider.

Serv. Was hat's gegeben?

Apor. Eine wüste Nacht.
Erst ein Gelage bei Karács. Ich trank
Zu viel und hab' — ich fürcht' — zu viel gesprochen.
Dann einen Zank mit Tóth —

Serv. Wohl um die Frau?
O Herr, Ihr treibt's zu arg! Und dann ein Fechten?

Apor. Ich traf ihn auf die Stirn — er thut mir leid.

Serv. Die beste Art, die Hörner los zu werden.
Die Majestät wird zürnen.

Apor. Ja, ich will's
Ihm selbst vermelden. Eile!

Serv. Schlimme Scherze!
An beiden Enden brennet Ihr die Kerze! (Beide ab.)

Pagen öffnen die Thür des Königs.

Ludwig (kommt).

Ludw. Ist Ihre Majestät schon aufgestanden?
's ist Betezeit.

Thürß. Die Gräfin von Drugeth
Ist Ihre Majestät schon holen 'gangen.

Maria kommt mit Duczi.

Ludw. Ah,
Da kommt sie schon. Nun, liebes Kind, wie geht's?
Ihr seid ja pünktlich, wie die Messe selbst.
Ja, ja — Ihr schaut auf Gott, nicht auf die Menschen.
Ihr schließt wohl keinen Mann noch in's Gebet?

Maria. Es betet Keiner auch für mich, mein König,
D'rum muß ich für mich selber sorgen.

Ludw. Ei,
Da thust Du Vielen, mindestens Einem Unrecht.
Den Kanzler Bubek hast Du abgeschnappt.
Er liebt Dich sehr.

Maria. Ich achte ihn, mein König.

Ludw. (lachend). Da thust Du Unrecht. Lieb' verdient er wenig,
Doch Achtung noch viel weniger.

Maria. Ihr sprecht
Sehr klein von Einem, den Ihr groß gemacht.

Ludw. Wir theilen Würden nach Geschlechtern aus,
Gewinnen Anhang. doch nicht immer Rath.
Wir müssen's so. Doch sieh', die Königin.

Elisabeth (kommt).

Ludw. (sie auf die Stirne küssend).
Wie hat die Königin geschlafen?
  Elis.   Nicht gut.
(Auf Maria deutend.) Das Mündel macht mir Sorgen.
  Ludw.   Ei, mein Kind!
Erst kränkst Du meinen Kanzler, dann mein Weib?
Was gibt's? Schielt sie nach ihrem Pagen?
  Elis.   Ach,
Ihr Stolz, nicht ihre Weichheit ärgert mich.
Sie bleibt mit ihrer Schönheit, ihrem Reichthum
Mir auf dem Hals — ich kann sie nicht vermälen.
  Maria. Ist meine Herrin ihrer Dienerin
So müde, geh' ich gerne in ein Kloster.
  Elis. So ist sie. Keiner ist ihr gut genug.
Nicht einmal Apor, den der König ehrt.
  Maria. Verzeiht mir, Königin — ich dürfte wohl
Voraus zur Kirche, Euch den Schemel richten?
  Elis. Geh' nur! Ich weiß, der Name schon vertreibt Dich.

Maria und **Duczi** ab.

Sie liebt ihn. Sahst Du's nicht an ihrem Zorn?
  Ludw. Apor? Da thät' sie wahrlich schweres Unrecht.
Er ist ein guter Held, ein tüchtiger
Kumpan, gescheidt, aufrichtig und ich lieb' ihn sehr,
Doch zum Gemal gäb' ich dem lockern Wicht
Nicht meine Küchenmagd.
  Elis.   Sie liebt ihn aber.
  Ludw. Du glaubst?
  Elis.   Ich weiß.
  Ludw.   Und er?
  Elis.   Er muß sie lieben.
  Ludw. Muß er?
  Elis.   Er muß, weil er g'rad' zu ihr paßt.
  Ludw. G'rad' er, der Schrecken aller grauen Männer,
Die schwarze Weiber frei'n? Er, der so rasch lebt,
Daß er mit dreißig Jahren schon ergraut?

Er, der die Frauen stets so weich gefunden,
Soll diese Harte freien? Glaubst Du das?
    Elis. Ich glaub's. Versteh' mich. Uns're reichste Erbin,
Das schönste Mädchen unseres Hofs ist sie.
Der meistgeliebte, meistbeneidete
Von unsern Rittern ist Apor. Sie meiden
Einander, das ist wahr. Die Einzige,
Die er nicht sehen will, ist sie. Der Mann,
Von dem sie niemals spricht, ist er. Doch Alles
Spricht ihm von ihr und ihr von ihm. Sie müssen
Einander finden —
    Ludw. Weil sie sich nicht mögen?
    Elis. Das eben ist der Spaß — ich meine — das
Ist das Geheimniß, das mich reizt. Der Kampf,
Der insgeheim sie auseinandertreibt
Und sie zusammenbringt.
    Ludw.   Sie sollen sich
Auf's Messer lieben, meinst Du?
    Elis.   Was ist Liebe
Im Grunde, als ein Kampf, in dem ein Herz
Das andere zu besiegen strebt? Sie fechten
Erst wie behext, und kommt der Augenblick,
So wähnt sich Jegliches besiegt: sie fallen
Zu gleicher Zeit und rufen Jedes: Gnade!
    Ludw. Elisabeth! Spiel' nicht mit Menschenherzen!
    Elis. (trotzend). Ich spiele nicht, ich thu's aus ernster Sorge.
Ich bin kein König — aber auch kein Narr.
    Ludw. Hab' ich „ein Narr" gesagt? Das wäre arg.
Nicht einmal „Närrchen" sagt' ich. Sagt' ich „Närrchen?"
    Elis. Schon gut. Du glaubst, ich hätt's nicht überlegt.
Ich hab's und hab' mich in den Plan verliebt.
Ihr Männer freilich wißt nicht, wie man's anfängt,
's ist feine Arbeit, für die Frau bestimmt.
Ihr seid darin, wie üb'rall, ungelenk,
Ihr liebt und haßt im Rohen, aus dem Ganzen.
Laßt einen Lanzknecht einen Säugling hüten:
Er hört den Wurm erst, wenn er schreit und keucht.
Des Hungers erste Regung merkt er nicht.
Wir Frauen aber kennen faserweis
Das Menschenherz, sein ungestillt Verlangen,
Verstehen, eh' es schreit, schon jeden Schlag.

Das Heiratstiften ist b'rum unser Amt.
Und unter uns: bist Du gewiß, mein Herr,
Daß Du die bosnische Lise frei gewählt hast?
Das scheint Dir so. Ich sag' Dir, nicht die Hälfte
Der Männer würde frei'n, wenn nicht die Frau
In eig'ner Sache auch — mit Fug und Maß —
Ein bischen kuppeln wollte. Siehst Du's ein?

Ludw. Ein wenig. Ganz undankbar bin ich nicht,
Und ist die Liebe wirklich eine Kunst,
So muß ich wohl — auf Meisters Worte schwören.
                    (Er küßt ihr die Hand)
Man rufe Apor — doch was sag' ich ihm?
Soll ich befehlen, daß er sich verliebe?

Elis. Befiehl ihm nur, daß er ein Weib sich suche.
Sein Leben ist ein Aergerniß. Es muß
Ein Ende sein. Das And're laß nur mir.

Ludw. Es sei: Doch weil wir Gott in's Handwerk pfuschen,
Erwartet uns die Messe. — (Zum Thürhüter.) Apor warte!

(Sie gehen, mittlerweile ist **Pantaleone Barbo** mit **Bubek** eingetreten,
welcher ihn am Kleide zurückzuhalten bestrebt ist. Der König bleibt
einen Augenblick steh'n, als wollte er Pantaleone sprechen, grüßt ihn
jedoch stumm und geht mit der Königin ab.)

Bubek. Ich sagt' Euch ja, es ging zur Mess'. Ihr schadet
Durch Euer Drängen.

Pant.   Eile thut uns noth.
Fast wird's zu spät. Er ist für Padua.

Bubek. Ich sag' Euch ja, es ist noch nichts entschieden.
Padua drängt um Hilfe, das ist wahr,
Es klagt, Venedig wolle es erdrücken.
Der König ist Venedig schlecht gesinnt.
Auch das ist wahr, Ihr habt es reich verdient.
Die Schiffe, die Ihr gegen die Türkei
Ihm längst versprochen, bleiben aus. In Zara
Facht Eure Republik Haß gegen Ungarn.
Ihr gönnt uns nicht Dalmatien, das weiß er.
Doch davon bis zum Kriege ist's noch weit.
Ich rathe ab, verlaßt Euch d'rauf.

Pant.   Doch er,
Der Wojwode Apor ist für Krieg
Und für das Bündniß mit Carrara.

Bubek. Er
Sitzt nicht im Rath.

Pant. Er sitzt im Ohr des Königs,
Das ist viel mehr. Wie konnt' ein solcher Junker
Des ernsten Ludwig Gunst gewinnen?

Bubek. Eben
Der Unterschied ist's, der ihn anzieht. Doch
Wer in der Gunst der Großen rasch voraneilt,
Kommt bald an's Ende, läßt man ihn nur eilen.
Sein feurig Wesen nimmt den König ein,
Der kecke Witz — die echt magyarische
Verwegenheit, mit Schmeichelei gepaart.
Doch gibt's auch Schatten. Apor ist ein Mann,
Bei dem das Wort fanfarenhaft der That
Voraneilt, daß sie Müh' hat, nachzukommen.
Es kommt noch auf. Verlaß' Dich d'rauf.

Pant. Allein
Indeß treibt er den König in den Krieg,
Der ungerecht und unklug.

Bubek. Nein, er kann's nicht,
Der König soll mich hören.

Pant. Wird er wohl?
Vergiß nicht, ihm zu sagen, daß Carrara,
Der Fürst von Padua, drei Mörder dang,
Die uns'res Rathes Häupter tödten sollten.
Die Schelme haben's eingestanden und
Sind auf dem Marcusplatz gerichtet worden.
Der König ist ein frommer Mann.

Bubek. Das ist er.
Laß' mich nur machen. (Geht.)

Pant. Ein Wort noch, Herr
Wir müssen Apor schaden in der Gunst
Des Königs. Wollt Ihr?

Bubek. Ehrlich Spiel. Ich bin
Kein Ohrenbläser.

Pant. Doch ich weiß ein Ding,
Was Euch betrifft.

Bubek. Das wäre? An Spionen
Hat's Euch wohl nie gefehlt.

Pant. Venedig hat
So viele Feinde! — Maria Drugeth
Hat Eure Werbung abgewiesen.

Bubek. Ei —
Nicht ganz —

Pant. Wißt Ihr, warum? Die Königin
Will sie dem Apor geben.

Bubek. Maria!
Dies schöne Weib und eine Morgengabe
Von mehr als einem Comitat! Zu viel!
Zu mächtig wird er mir!

Pant. Ich weiß ein Wort,
Das er heut' Nacht im Unbedacht gesprochen.

Bubek. Schmäht' er den König?

Pant. Nein, er schmähte nur
Die Braut, die ihm die Königin bestimmt.
Komm' nur, ich will Dir's ganz genau erzählen.
Erfährt's der König und erfährt's Maria,
Dann kommt er um die Heirat und es schadet
Ihm auch beim König. Komm'!

(Beide ab.)

Ludwig kommt, nach ihm *Tóth, Simon* und *Szerdai*. Tóth hat eine
Binde um die Stirne.

Ludw. Das ist zu viel.
(Zu Tóth.) Er war Dein Freund und hat Dich so gekränkt?
Dein junges Weib!

Tóth. Man sagt es nur, mein König.
Doch war's genug, mich aufzubringen und
Ich hab's gerächt. Doch meine Freunde hier,
Die haben ernsten Grund zur Klage.

Szerdai. Simon*) wohl.
Sein Bub' hat schwarze Augen.

Simon. Ei, was hilft's,
Wenn wir es auf einander schieben? Jeder
Sieht freilich nur des Nächsten Stirn. Genug,
Ihr seht uns hier, mein Fürst, weil wir's nun satt sind,
Von Apor=Laczfi so geplagt zu werden.
Unrath im Hause, Händel und noch Spott.
Schafft Ihr uns Ruh'!

―――――――

*) Sprich Schimon.

Ludw. Was soll ich thu'n?

Tóth.   Verbannt ihn!

Ludw. Ich brauch' ihn.

Szerdai.   Schickt ihn in den Krieg.

Simon. Laßt ihn heiraten.

Tóth.   Ja! Er hat's verdient.

Ludw. Genug, ihr Herrn. Ich hab' ihn herberufen.
Geht ruhig heim. Es soll nicht mehr gescheh'n.
Doch Eines rath' ich Euch. Bekommt Ihr Söhne,

Tóth. ⎫
Szerdai. ⎬ Wir hoffen noch.

Ludw. So laßt sie frein, bevor sie noch ergrau'n,
Vertrau' Dir selbst, dann kannst dem Weib Du trau'n.

Die Drei gehen brummend ab — Apor kommt.

Apor. Tóth! Er weiß Alles. Und die Andern auch!
Gespenster meiner süßesten Verbrechen,
So zeugt Ihr Alle gegen mich! *(Er geht nach dem Vordergrund.)*
                    Mein König!

Ludw. Mein Sohn Apor, ich muß Dich schelten. Ernstlich.
Nimm's nicht als Scherz. Du machst mir Schande.

Apor.   Herr!
Hab' ich seit gestern mich so stark verändert?
Wie? Oder ist mein Fürst ein Anderer?
Ihr war't mir gestern gut.

Ludw.   Das ist es eben.
Man schreibt das Schlimme, das Du thust, auf Rechnung
Der Königsgunst. Das solltest Du bedenken.
Daß meine Freundschaft Dich nicht besser macht,
Das thut mir leid.

Apor.   Ich hör' den Kanzler sprechen.
Bubek ist für den Frieden mit Venedig,
Darum erklärt er mir den Krieg.

Ludw.   Gefehlt.
Von Politik ist nicht die Red'. Ich weiß,
Du fühlst Dich wohler, wenn von Krieg und Frieden
Berathen wird. Da stellst Du Deinen Mann.
Dein Wandel aber ist voll Anstoß. Schäm' Dich,
Bubek zu schmähn, weil Du Dich schuldig fühlst.

Apor. Ach, Herr — Du sprichst von Lorenz Tóth!

Ludw.   Von ihm!
Was gibt's zu lachen? Nimmst ihm Weib und Glück

Und schlägst ihm noch den Schädel ein! Du nennst
Das ritterlich, weil Du der Stärk're bist
Und Jüng're? Pfui!

Apor.   Herr, 's ist nicht schön zu sagen,
Doch weißt Du, wie sich der Zigeuner half,
Den man auf fremdem Pferde traf?

Ludw.   Was sagt' er?

Apor. Er wär' von einem Apfelbaum gesprungen,
Als just das Füllen feurig hergerannt.
Das Roß hätt' ihn, nicht er das Roß entführt.

Ludw. So schlecht gethan, wie dumm gelogen
Apor.   Schlecht
Gethan? Mag sein! Gelogen ist es nicht.

Ludw. Ich muß Dir glauben, daß die Weiber schlimm sind,
    Doch wundert's mich, daß ich's nie selbst erfuhr.

Apor. Du bist ein Heiliger. Sie fürchten Dich.

Ludw. Das wäre! Schelm, Dich sollten sie wohl fürchten!

Apor. Ein König hat ein Nein und Ja. Ich bin
Zu gut — und seh ich wo ein willig Weib,
Ich kann nicht Nein ihr sagen — wär's der Teufel.
Ich schämte mich. Mir wär's, als ob ein Ritter
Mich forderte und ich die Fordrung ausschlüg'.
Ich glaub', es wär' mein Ende

Ludw.   Und doch muß
Ein Ende sein. Mein Schwert, das Du da führst,
Ist viel zu gut, um fremde Thür'n zu sprengen.

Apor. So sperrst Du mich in's Kloster?

Ludw.   Hätt' ich nur
Das Recht dazu, geschäh' Dir Recht damit!
Doch laß' ich Dir die Wahl, ein Klösterlein
Dir aufzusuchen, g'rade groß genug
Für Einen Mönch und Eine Nonne. Beide
Für alle Andern Mönch und Nonne nur,
Doch für einander nicht. Ein Kloster, wo
Du frei bist und was heut' Dein Laster ist,
Zur Tugend wird

Apor.   Versteh' ich recht?

Ludw.   Es scheint,
Denn Du erbleichst.

Apor.   Du willst, daß ich . . .

Ludw. Haha!
Ich will, daß Du im Ernste thust, was Du
kaum auszusprechen wagst.
    Apor.   Ich soll bei . . .
    Ludw.   Rathen.
Du räthst ganz gut.
    Apor.   Heiraten? Ich?
    Ludw.   Ja, Du!
Da seh' mir Einer! Hätt' ich ew'ge Keuschheit
Von ihm verlangt, er könnt' nicht größer gaffen.
Was schreckt Dich so?
    Apor.   Ich tauge nicht zum Gatten.
    Ludw. Bescheid'nes Veilchen! Traust Dir gar nicht zu,
Ein Weibchen zu beglücken — weil es Dein ist?
Getrost! Es gibt ja Helfer in der Noth.
Wie Vielen hast Du beigestanden! Oder
Verständest Du am Ende keinen Spaß?
Nimmst Du die Münze nicht, in der Du zahlst?
Nun, ernst gesprochen: Es ist unser Wille,
Daß Du ein Weib nimmst. Daß ich's gut mein', weißt Du.
Du bist kein Kind mehr, wenn's auch oft so scheint.
Willst Du nicht, was ich will, bist Du zum „Nein"
Mir Gründe schuldig . . . Nun?
    Apor.   Es nimmt mich Keine.
    Ludw. Das lügst Du, Geck. Doch was nicht ist, kann
                          werden.
    Apor. Herr, nimm mir meine Jugend nicht!
    Ludw.   Verschwende
Du nicht, was selbst von Tag zu Tage schwindet.
Den Rahm des Lebens hast Du abgeschöpft.
Glaubst Du, die Zeit vergißt Dich, wie Du sie?
Das Wasser fließt, hier langsam, dorten rasch. Doch
Kein Tag bleibt steh'n und keine Nacht hält Rast,
Die Mühle klappert fort, dieweil wir schlafen
Und mahlt an jedem Leben. Stemm' Du Dich,
So lang' Du willst — auf einmal greift der Müller
Mit mehl'ger Hand in Deinen schwarzen Schopf
Und Du erkennst den schönen Apor nicht mehr.
Laß' seh'n! Ja, richtig, Spuren find' ich schon.
Ja, glaubst Du, daß die Zeit ein Landsknecht ist,
Der auf Commando „Marsch" macht oder „Halt?"

Apor. Die Zeit, Herr? Was ist Zeit? Wer kann sie fassen?
Sie ist ein Rahmen, d'rein viel Bilder passen;
Den Jeder ausfüllt, wie er mag und soll.
Zeit ist die Urne, aller Schätze voll,
Der Eine langt hinein mit Kraft und Schwung
Und ist mit fünfzig Jahren frisch und jung.
Ein And'rer will bedächtig sich gebahren
Und ist mit Dreißig grau an Herz und Haaren.
Zeit ist die Fluth, sie trägt Dich auf dem Rücken
Machst Du Dich schwer, wird Dein Gewicht Dich drücken.
Der Schwimmer sinkt, hält er bedenklich still.
Zeit ist ein Nichts — Zeit ist Unendlichkeit,
Die Jugend ist in mir, nicht in der Zeit
Und ich bin jung, mein König, weil ich will.

Ludw. Du bist ein Narr! (Bei Seite.) Doch fast beneid'
ich ihn,
Daß ich kein Narr, wie er, gewesen bin.
(Laut.) Jung. weil Du willst? O armer Vogel Strauß!
Das Alter bläst zuerst den Willen aus.
Erwarte nicht den Tag, so herbstlich grau,
Wo Dich die Frau wählt und nicht Du die Frau.
Erbrochen hast Du manchen Ehetempel,
So lern' an der Bestohlenen Exempel.
Du weißt, was greisen Ehemännern droht!

Apor. Nun sieh' — Du selbst erklärst mir meine Noth
Mir hat, obwohl ich nicht als treu bekannt,
Manch' schöne Frau geheimen Gruß gesandt.
Was folgt daraus? Ein Zaub'rer bin ich nicht.
Es folgt, daß es der Frau an Treu' gebricht.
Natürlich auch. Es hat das Weib auf Erden
Sonst nichts zu schaffen, als geliebt zu werden.
Derweil der Gatte, ist er halbwegs Mann,
Erst wirken muß und — nebstbei lieben kann.
Dies Nebstbei macht der Besten Langeweile,
Die Frau hat Zeit, der Mann hat immer Eile.
Kurz, alle Weiber sünd'gen oder wanken,
In Thaten Diese, Jene in Gedanken.
Die Schelmin lacht, es seufzt die Träumerin,
Blond oder schwarz, es strauchelt Jede hin,
Es strauchelt Welschlands, Deutschlands, Ungarns Frauen,
Wie kann ich Einer, weil sie mein ist, trauen?

Ludw. Das ist zu arg! Es schreit vor Gottes Thron!
Er hat die Frau noch nicht und schmäht sie schon.

Apor. Getroffen, Herr! Getroffen bis auf's Blut!
So straft ein Gott den allzugläub'gen Mann.
So vielen Frau'n glaubt' ich, daß sie mir gut,
Daß ich's nun Einer nimmer glauben kann.

Ludw. Du meinst's im Scherz. Doch ist's ein traur'ger Schwank,
Mein Freund, ich seh's, Du bist vom Herzen krank.
Verdächtig ist, wer Andern nicht mehr glaubt,
Ihm ist die Stütze aus sich selbst geraubt,
Und weil er fühlt, er könnt' sein Wort auch brechen,
Ist er auf fremde Treue schlecht zu sprechen.
Das kommt von Deinem Leben!

Apor (auffahrend). Herr! So weit
Geht auch die Freundschaft nicht!

Ludw. So lang' es Zeit,
Will ich Dir's sagen: Ehebruch und Lüge
Sind Zwillingskinder in derselben Wiege.
Und Lüg' ist falsch. (Bei Seite.) Ich reiz' ihn, was ich kann.

Apor (mit unterdrückter Erregung).
Ich kenne einen höchst glaubwürd'gen Mann,
Deff' Wort bringt Tod und Leben, wie er's spricht,
Doch weicht er vom gesproch'nen Worte nicht.
Den Mann hab' ich zum Abbild mir erkoren,
Tag wird mir erst, wo seine Gunst mir lacht,
Sein Lächeln hat mich, der ich frei geboren,
Zum Höfling unter Höflingen gemacht.
Wie vollem Mond ein Stern von drittem Range,
Folg' ich von fern verbunden seinem Gange.
Doch Ein's bestreit' ich, Herr, auch diesem Mann':
(Mit erhobener Stimme.)
Daß er sein Wort mehr, als ich, halten kann.

Ludw. So roth! Vor Zorn?

Apor. Nur roth, weil ich mich schäme
Zu denken blos, daß die Minute käme,
Wo Ludwig sagte, daß Apor gelogen,
Sein Wort, wie falsches Geld, zurückgezogen.

Elisabeth, Maria, Bubek kommen.

Ich weiß, mein Wort klingt oft wie Prahlerei
Und sage nicht, daß es auch recht so sei,

Doch ist's gesprochen, werd' ich's nie verwässern,
Und ist's gefehlt, so muß die That es bessern.

Ludw. Ung'risch gesprochen — klug und doch voll Thorheit,
Auch prahlerisch und ehrlich doch gemeint. (Er gibt ihm die Hand.)
Ihr seid ein seltsam Volk, Apor! Man muß
Euch scheltend lieben und auch liebend schelten.

Elis. (vortretend). So schilt, mein König, denn zu viel hast Du
Apor geliebt, zu wenig ihn gescholten!

Ludw. Elisabeth!

Apor.   Die Königin! Maria!
Und Bubek auch! Das will nichts Gut's bedeuten!

Elis. Mein König, was verdient ein Ritter, der
Ein wehrlos Mädchen hinterrücks beleidigt?

Bubek (begütigend). Es war ein Scherz!

Apor (für sich).   Er hat's erfahren! Schleicher!

Ludw. Was für ein Scherz? So sprecht! Maria
Bedeckt ihr Angesicht —

Maria.   O laß' mich, Herrin!
Laß' mich von hier — von Deinem Hof . . .

Ludw.   Was ist's denn?

Bubek. Ach, leer Geschwätz! — Ich möchte mir die Zunge
Abbeißen. — Wetten möcht' ich, der Wojwode
Hat's schon vergessen. Hätt' ich nur geahnt,
Daß sie's so ernst — was weiß der Mensch von sich
Beim zehnten Glas? — Nicht wahr, Apor? (flüsternd.) So sag',
Du warst betrunken und Du weißt nichts mehr.

(Apor wendet sich unwillig ab.)

Ludw. Was soll das Flüstern? Sprich zu uns! Es war
Ein Trinkgelage? Schlimm genug. Und weiter?

Bubek. Es war von Frau'n die Rede, so erzählt man.
Apor in Weineslaun' gab seine Meinung,
Man weiß, er achtet das Geschlecht nicht hoch.
Das ist das Ganze. Dieser Dame nun
Verrieth man leider, daß ihr Name auch
Genannt ward . . .

Ludw.   Weiter!

Bubek.   Weiter — weiß ich nichts.
Ich hab's vergessen.

Elis. Ich hab's nicht vergessen.
Ein Zecher sagte, daß Maria sicher
Sich einen Prinzen zum Gemal erhoffe,

Sonst wär' sie nicht so stolz. Ein And'rer meinte,
Sie sei kein Weib. Apor sprach lange nichts
Und als man drängte, lacht er auf und sagt:
„Ein Prinz, ein Bauer, wenn der Rechte kommt,
So schmilzt auch sie. Die stolzen Weiber sind
Die Unterwürfigsten, sobald sie lieben."
Nein, sagt ein Vierter, die schaut viel zu hoch.
Apor darauf: „Der strauchelt, der zur Höh' schaut."
„Gemach", erwiedert Jener, „Du, Apor,
Magst sie nicht leiden, weil sie Dir nicht schmeichelt.
Aufrichtig, sprich — Du bist ja sonst nicht scheu,
Möcht'st Du es wagen, um sie anzuhalten?"
Und Apor ruhig: „Nein, das möcht' ich nimmer wagen.
Am Ende nähm' sie mich." Und Alle lachten
Und stießen auf den großen Helden an.

Ludw. Apor! Apor!

Maria. Laßt mich! (Sie will gehen, die Königin hält sie.)

Bubek. Es war ein Spaß.

Ludw. Ein schlechter Spaß (Bubek scharf messend)
und ist nicht 'besser worden
Durch den, der ihn erzählt hat. Stefan! Sprich!
War's so?

Bubek (flüsternd). So leugne doch!

Apor. Mein Herr und König,
Die Unbill, wenn sie so gescheh'n —

Ludw. (aufathmend). Ah! Wenn! . . .
So ist's nicht wahr! Ich danke Gott!

Apor. Die Unbill,
Wenn sie gescheh'n, war öffentlich. So mag
Die Antwort gleichfalls offenkundig sein.
Versammle, bitte ich, Deinen ganzen Hof.

Bubek. Apor, wozu —

Ludw. (bei Seite). Er wird ihn Lügen strafen.
So besser. (Laut.) Ruf' den Hof.

Bubek (bei Seite). Verleugnet er's,
Verachtet ihn der König — und gesteht er,
Kann ihn Maria nimmer lieben. (Ab.)

Elis. Also
Ist's nicht gescheh'n? Hat Bubek uns getäuscht?

Apor. Es ist gescheh'n. Er hat Euch nicht getäuscht.

2

Ludw. Es ist gescheh'n? Ist's wahr, daß Du geflunkert,
Daß Du geprahlt, dies Mädchen häng' Dir nach?
Ist's wahr, Du lügst?

Apor.   Ich lüge nie, mein Fürst,
Ich hab's gesagt.

Ludw. Mit welchem Recht?

Apor.   Ich hatte
Kein Recht, doch hatt' ich Grund. Ich hab's geglaubt.

Maria. Verwegener Mann, von Gunst verwöhnter Höfling,
Wie sagst Du solches mir in's Angesicht?
Du hast's geglaubt! Mit welchem Recht und Grund?
Hast Du von mir ein freundlich Wort gehört?
Ein Lächeln, einen Blick je aufgefangen?
Hab' ich Dir meinen Pagen je geschickt?
Ein Blümchen, eine Schärpe? Trägst Du etwa
Ein Ringlein von Maria's Hand? Hab' ich,
Wie and're Mädchen, je von Dir beim Rocken
Geplaudert, so und so, das ist sein Fehler,
Dies sein Verdienst? Hab' ich mit halbem Ohr —
O, Königin, bezeug's! — je zugehorcht,
Wenn an dem Hof die Frauen unter Kichern
Und O! und Pfui! von Deinen Streichen sprachen,
Mit wem Du in's Gerede kamst, mit wem
In Streit, wer's Liebchen sei von heut'
Und wer von gestern? — Und Du hast's geglaubt?
Geglaubt, daß ich verschmachte, daß Du blos
Den kleinen Finger reichen mußt, daß ich,
Ein hungrig' Hündchen, gleich die Hand erschnappe?
Geglaubt? O nein, ich halte Dich für klüger!
Du konntest von Maria das nicht glauben!
Obwohl ich sagen muß, hätt'st Du's geglaubt,
Wohledler Apor, durftest Du's nicht sagen.
Doch glaub' ich nicht, daß Du's geglaubt. Ich glaube
Vielmehr, Du hast nicht aus Ruhmrederei
Die Wahrheit, nein, aus purer Eitelkeit
Hast Du gesagt, was Lüge war. So! — So!

Apor. Gerecht, Du Edle, zürnt Dein Herz. Du hast
Ein Recht, Apor zu schmäh'n. Doch hab' Geduld.

Maria.   Geduld! Geduld in solcher Sache
Befleckt den Fleck noch, den ich von Dir trage.
Du hast's geglaubt!

Apor. Ich glaub' es jetzt nicht mehr.
Ich will mich strafen, mit so vollem Maß,
Daß selbst die Rachelust gesättigt rufe:
Es ist genug.
    Maria.   Ich will mein Recht, nicht Rache.
    Apor. Stolz bist Du, o Maria, und mit Recht.
Stolz bin auch ich. Leg' ich's in Deine Hand,
Die Schmach, die ich Dir angethan, vor König
Und Hof mir doppelt auf das Haupt zu häufen,
Daß meines Glückes strahlendes Gestirn
Mit Dunst erlösche wie ein Pfenniglämpchen,
Daß ich mein Schwert zerbrechen muß und schimpflich
Den Hof verlassen, der die Welt mir ist,
Den Hof verlassen, wo man mich verlacht:
Wenn ich dies Beil mit seiner gift'gen Schärfe
In Deine Hände leg' und sag': Schlag zu —
Wird das genug sein?
    Maria.   Ich versteh' Dich nicht.
    Ludw. Was hat er vor?

                 Bubek kommt.

    Bubek.   Der königliche Hof!
Ludwig setzt sich auf den erhöhten Stuhl, neben ihn Elisabeth. Das
Hofgesinde tritt ein und gruppirt sich, darunter Tóth, Simon, Szerdai
               und Servaz.

    Serv. (seitwärts). Die Fliegen summen, Großes gehe vor
Mit meinem Herrn. Er macht sein ernst' Gesicht!
Da wird er eine schwere Dummheit machen.
         (Er mengt sich unter das Gesinde.)
    Elif. Was will er denn?
    Simon (zu Bubek).   Hat er's gestanden?
    Bubek.   Nein.
Wenn er nur leugnen wollt'!
    Apor (vortretend).   Mein König und
Du Königin — Vormünder dieses Fräuleins,
Gestattet Ihr, daß ich hier offenbar
Die Rede an sie richte.
    Ludw.   Deine Absicht?
    Apor. Die Absicht ist, zu zeigen, gnäd'ger Herr,
Daß meine Meinung von der Dame Werth
So fleckenlos und edel, wie sie selbst.
Ich bin verklagt, daß ich von ihr gering sprach.

                                 2*

Ludw. Und was erwiederst Du der Klage?
Apor. Daß
Ich sie zum Richter mache über mich.
Ich werb' um ihre Hand.
Bubek (sich vergessend). Für wen?
Apor (ohne sich umzusehen). Für mich.
Bubek. Nach solcher Unbill —
Elis. Das ist recht und — klug!
Apor. Ich sprach es aus, daß mich zur Werbung nichts
Ermuntert, auch kein Schatten einer Hoffnung.
Doch auch zurückgewiesen werde ich
Nicht weniger ihr huldigen, als jetzt,
Da ich um ihrer Tugend sie begehre.
Und ich gelobe, nimmt sie mich nicht an
Zum Eh'gemal, so leg' ich Alles weg,
Was mich an Rang, an Nam' und Ehren schmückt,
Verlasse diesen Hof und geh' als Söldner
Ins weite Land.
Maria. Ah!
Apor. So bezeugt Apor,
Wie hoch er Maria von Drugeth schätzt.
(Er kniet vor ihr nieder und sagt ihr leise.)
Du hast das Beil. Nun schlage wacker zu!
Elis. Er hat sie!
Ludw. Durch Gewalt!
Elis. Die Lieb' ist immer Gewalt.
Ludw. Doch ist Gewalt nicht immer Liebe.
Ich geb's nicht zu —
Elis. (ihn haltend). Still doch! Maria spricht.
Maria. Ich bitte Dich, knie' nicht.
Apor. Ein kurzes Wort
Kann mich erheben. Ja heißt's oder Nein.
Maria. Gut. Ich — verzeihe Dir.
Apor. Drugeth Maria,
Ich habe niemals um Pardon gebeten —
Nicht Mann, noch Weib. Aufsteh' ich als Dein Herr,
Wo nicht, als Büßender.
Maria. Hochfahrender
Apor, so heilst Du Wunden, die Du schlugst?
Ist Dir das Buße, daß Du um mich wirbst?

Apor. Ich büße damit, daß ich um Dich werbe
In einem Augenblick, wo Du mich lieber
Ermorden magst, als mich zum Manne nehmen.

Maria. Ich seh's, Du liebst mich nicht. Von Herzen nicht.

Apor. Sie auszuschlagen, ist die Hand genug.
Dazu brauchst Du mein Herz nicht zu verlangen.

Maria. Du weichst mir aus. Ich frag', ob Du mich liebst?

Apor. Ich leg' mein Glück in Deine Hand. So lang' Du
Mein Richter bist, antwort' ich darauf nicht.

Maria. Und fragst Du gar nicht, ob ich Dich auch liebe?

Apor. Ich frag' nicht. Nimmst Du mich, so weiß ich's auch.

Maria. Nun denn — ich nehm' Dich.

Apor (aufspringend). Ah!

Maria. Du freu'st Dich gar?

Apor. Ich — liebe Dich!

Elif. Nun, Herr, wer hatte Recht?
Wer kennt sie besser?

Ludw. Kenne Du Maria,
Ich kenn' Apor und fürcht', er ist ein Narr.

Elif. (zu Maria). Sprich frei, mein Kind, beschließ' es reiflich.

Maria. Herrin,
Und Du, mein König, der Du Apor liebst
Und seinem Eide trau'st: ich bin nicht klüger,
Als Du: ich trau' ihm und ich werd' sein Weib.
(Elisabeth umarmt sie.)

Ludw. (herabkommend). Sei er Dir treu, wie mir, ich
wünsch' es herzlich.
Doch das vergiß nicht: seinen Leh'nseid schwor er
Nur einmal, Liebe schwor er, sagt man, oft.

Apor (stolz). Doch Treue nie — sonst hätt' ich sie gehalten.

Elif. (Apor zunickend). Dies Einemal hält er's, auch mir
zulieb'.

Maria (stolz). Für jenen Eid, den er mir leistet, bürg' ich,
Wie für den meinen.

Apor. Meine stolze Braut,
Ich grüße Dich für dieses brave Wort
Und lieb' Dich heiß darum. Ehr' Du mich so,
Wie ich mich selber acht'. Ich kann nicht lügen.
Ich sag' nicht, daß Du meine erste Liebe,
Doch sag' ich und der König hör' es, daß
Maria meine letzte Liebe ist.

Ludw. (zieht ihn bei Seite). Die letzte Liebe? Weißt Du
das so klar?

Apor. Ich weiß es, weil ich — will.

Ludw. Nun, gebe Gott
Dir einen festen Willen — und auch Glück
Dazu. Man braucht auch Glück, Apor.
(Laut.) Wann soll die Hochzeit . . .

Apor. Heut' noch —

Ludw. Nein! Das wär'
Zu rasch. Ich brauche Dich noch für den Krieg.

Alle. Den Krieg!

Ludw. Wir ziehen Padua zu Hilfe,
Venedig zu bekriegen, das uns treulos
Nach außen drängt, im Innern ewig wühlt.
Cecco, Carrara's Sohn, hat bei Piave
Die Truppe der Venetier geschlagen.
Zu vollem Sieg' bedarf er uns'rer Hilfe.
Zehntausend Reiter senden wir hinab.
(Zu Apor.) Willst Du sie führen?

Apor. Ja. Doch möchte ich
Getraut erst sein.

Ludw. Was sagt Maria?

Maria. Herr,
Was Apor sagt, ist mir Gesetz.

Ludw. (nachdenkend). Nein, Nein.
Ein Junggesell' ficht freier. (Zu Apor.) Freund, bedenk' Dich.
Ich lasse Dich als freien Menschen zieh'n.
Die Sache hier ging viel zu rasch!

Apor. Mein Fürst,
Ich bin nicht jung genug, um unbedacht
Das Wichtigste zu thun; auch nicht so alt,
Zahnlos zu wiederkäuen, was gescheh'n ist.
(Ich weiß nicht, was er heut' im Blicke hat.)

Ludw. Die letzte Liebe? Nicht der letzte Sieg?
Nicht wahr?

Apor. Ich hoffe, königlicher Herr,
Mein Glück wird mich von heut' ab nicht verlassen.

Ludw. Dein Glück! (Er ist der Mann, das Glück zu lassen,
Um nicht den Trotz zu beugen.) Laczfi, Freund!
Ich hab' Dich stets geliebt. Bist Du auch glücklich?

Apor (gerührt). Mein König spricht ein solches Wort zu
mir, und
Ich sollt' nicht überglücklich sein? Ich bin's.

Ludw. (umarmt ihn und führt Beide in die Mitte des Hofes).
Ihr Herrn und Damen, wünschet Beiden Glück.
Ich rufe Euch zum Fest, das wir zum Abschied
Dem Feldherrn geben und dem Frieden auch,
Den er in Ehren wieder bringen soll.
Er ist verlobt, doch soll er sich sein Glück
Erst noch erkämpfen. Apor, habe Acht,
Du hast als Mann manch' dummen Streich gemacht
Und warst als Feldherr ruhig, klar, verständig.
Werd' nun nicht umgekehrt: als Mann beständig
Und etwa gar als Feldherr unbedacht.
Und so mit Glück!

Apor.   Herr, davor sei nicht bange.
Dein Name siegt. Der König lebe lange!
(Alle stimmen ein. Während sie sich zum Zuge reihen und Alle das
Paar beglückwünschen, nähert sich die Königin dem König.)

Elif. Du schiebst's hinaus. Du glaubst noch immer nicht,
Daß ich ihr Herz durchschaut? Sie lieben sich
Und Zeit und Raum macht ihre Treu' nicht wanken.

Ludw. Die Treu' in Thaten. Aber in Gedanken?

Elif. Du zweifelst noch?

Ludw.   Wächst Frucht an dürrem Holz?

Elif. Was sie getrennt, das eint sie.

Ludw.   Ja, der Stolz!

Elif. Schon gut! (Im Abgehen zu Apor u. Maria, halb verdrießlich.)
          Wie ist's denn mit dem ersten Kuß?
          (Apor umarmt sie.)
Du siehst, er küßt sie.

Ludw.   Küßt sie? Weil er muß.

Der Vorhang fällt.

Zweiter Act.

Lager des **Carrara** bei Sacile. Rechts des Fürsten, links Cecco's Zelt.

Carrara, Giulio.

Carr. Schrieb diesen Brief Marsilio?

Giulio.   Er selbst —
Und trug mir höchste Eile auf.

  Carr.   Ich dank' Euch.
Sagt meinem Bruder auch, ich danke ihm.
Weh' thut's, doch dank' ich ihm. (Giuglio ab.)
           Unglaublich ist's!
Der Sohn verräth' den Vater! Was unglaublich?
Ist er mein Erbe nicht? Zeigt er mir je
Mehr Achtung, als er muß? O Cecco, Cecco —
Doch nein! Ich muß den Brief noch einmal lesen.
  „Mein Bruder! Hüte Dich vor Deinem Sohn. Seit=
dem er bei Piave die Venetianer besiegt, ist er von seinem
Ruhme betäubt und von den Ränken Venedigs umgeben.
Man läßt ihn glauben, ein schimpflicher Friede wäre Dein
Schade und sein Vortheil. Du würdest den Thron räumen
müssen und er, der Sieger, würde ihn besteigen. Gib Acht,
ob er nicht plötzlich dem Frieden geneigt ist, trotz der
ung'rischen Hilfe, ob er seine Truppen gerne mit den
ung'rischen vereint? Und findest Du meinen Argwohn nicht
grundlos, dann sorge nicht nur um Deinen Thron, sondern
um Dein Leben. Dein treuer Bruder und Unterthan:
             Marsilio.“

Es ist so! Ganz erschrecklich so. Er meidet,
Sich Apor anzuschließen. Will ihm nicht

Entgegen — mich allein ließ er den Plan
Mit ihm bereden — er spricht nur von Frieden
Und widerräth den Angriff auf Treviso.
Heut' kommt Apor — ich brauche reinen Tisch —
Der Ungar soll hier Einen Willen seh'n.
Ich beug' ihn oder brech' ihn. Cecco! (Zum Zelt.)

Cecco (drin). Vater!

Carr. Ein Wort.

Cecco (kommt). Mein Herr befiehlt?

Carr. Wojwode Laczfi,
Des Königs Hauptmann, trifft hier heute ein.
Die Regimenter stoßen hier zusammen.
Ich frage dich zum letztenmal, willst Du
Dich seiner Führung anbequemen?

Cecco. Nein!

Carr. Nun denn, so wahr... Doch nein. Dein Grund?

Cecco. Ich habe
Venedig schon besiegt, da ich allein war.

Carr. Du sorgst um Dich und nicht um Padua.

Cecco. Die fremde Hilfe macht den Thron Dir wanken.

Carr. Dir bangt um meinen Thron zu sehr.

Cecco. Mein Ohm
Marsilio wühlt lange schon im Volke —
Er will den Krieg, der ihm das Amt verlängert.

Carr. Du klagst ihn an, er Dich. Lies diesen Brief!
Wie Du erröthest! Ja, Dir geht's, wie mir.
Auch Dich verräth Dein eigen Blut.

Cecco. O Vater,
Der diesen Trug geschmiedet, kennt Dich wohl,
Doch mich verkannt' er. Ich bin kein Verräther.

Carr. Und Dein Beweis?

Cecco. Daß ich Treviso doch
Nicht stürmen werde.

Carr. Nicht?

Cecco. Ich darf es nicht.
Die Stadt ist stark. Die fremde Reiterei
Ist nutzlos in den Sümpfen. Thu' es nicht!

Carr. So soll ich Frieden schließen? König Ludwig
Schickt seine besten Reiter mir zu Hilfe
Und Du räth'st Frieden! Bist Du kein Verräther,
So bist Du feige.

Cecco. Ja, ich bin's. Mich schlägt
Ein zagendes Gewissen. Vater, Vater!
Mit Mördern hast Du Dich verbündet!

Carr. Cecco!
Mach mich nicht toll!

Cecco. Du sagst nicht Nein!
Die man am Markusplatz gehenkt, die Meuchler,
Mit Deinem Gelde waren sie gedungen.
Seitdem ich's weiß, hoff' ich auf keinen Sieg!

Carr. O hätte Dich die Mutter nie geboren,
Daß Du dem Vater so zu sprechen wagst.

Cecco. Ich spreche Wahrheit — das ist's, was mich schmerzt.
Marsilio Dein Freund! Ich Dein Verräther!
Wenn Du es glaubst, so nimm mein Schwert.
(Er wirft sein Schwert hin.) Ich bin
Dein Sohn — Dein Hauptmann bin ich fürder nicht.
Jetzt mag der Ungar kommen. Lebe wohl!

Carr. Wohin? Zum Feind?

Cecco. Wo immer hin — so weit nur,
Daß Du nicht mich und ich Dich nicht verletze.

Carr. Ist dies der Unschuld, ist's der Bosheit Trotz?
So jung und so verhärtet! Warum kann mich
Die Kraft nur schrecken, die mich stützen sollte?
Des Sohnes Werth, der sonst des Vaters Hoffnung,
Ist mir ein Schreckbild. Ach, ich bin ja Fürst!
Ein König sollt' in seiner Fülle sterben.
Zu sä'n ist sein Beruf, zu ernten nicht.
Will er die Früchte erleben und genießen,
Drängt sich mit frecher Kraft die Jugend vor
Und fordert Raum. Im kommenden Geschlecht
Beginnt der Greis voll Neid den Sohn zu hassen.
So muß die Nacht erröthen und erblassen,
Wenn ihrem Schoß der junge Tag entsprießt,
Von dessen Glanz sie selbst in Nichts zerfließt. (Ab.)

Servaz, Selma, Paduanischer Officier.

Officier. Das ist das Zelt des Herzogs.

Serv. Gratias. (Officier ab.)

Selma. Wie soll ich würdig danken, tapf'rer Hunne,
Wohledler Ritter — oder wie es sonst
Euch zu benennen Eurer Magd geziemt...

Serv. Spectabilis.

Selma.   Ja, Herr Spektabilis,
Wie dank' ich Euch, daß Ihr mit starkem Arm
Mich hergebracht und —

Serv.   Senex asinus.
Der alte Esel hat Euch hergebracht,
Ich hab' ihn nur gestachelt —

Selma.   Er ist schuldlos.
Ein böser Geist war in das Thier gefahren,
Der unserer Princessin Feind -- o weh' —
Ich plaud're —

Serv.   Non capisco.

Selma.   Besser so.
Ihr glaubt vielleicht an böse Geister nicht?

Serv. Et Bileam habuit asinum.

Selma. Weh' mir! Er spricht Latein! Am Ende gar
Ist's auch ein Geist — mein Schutzgeist!

(Sie bekreuzt sich und neigt sich.)

                    Deinen Segen!

Serv. (streichelt ihr Haupt). Benedico!

Selma.   Ein Geist! Mit einem Schnurbart!

Serv. Formosa mulier. (Er hilft ihr auf.)

Selma (seine Hand abwehrend). Ein starker Geist.

Serv. Non sono spiritus.

Selma.   Was sprecht Ihr denn
Latein?

Serv. Man sagte mir, das sei die Sprache,
Die in Italien jedes Kind versteht.

Selma. Seid Ihr gelehrt?

Serv.   Nun ja, so halb — ein Frater,
Ein Monacus.

Selma.   Ein Mönch — o!

Serv.   Fui!

Selma.   Was Pfui!

Serv. Fui olim. Vor Zeiten.

Selma.   Und Ihr warft
Die Kutte weg.

Serv.   So ist's.

Selma. Und nahmt ein Weib?

Serv. Oho!

Selma. Noch nicht? Erst später?

Serv. Mag wohl sein.

Selma. Nun, wann denn?

Serv. Wenn man mir die beiden Hände
Im Kriege abhaut, daß ich sonst nichts nutz bin.

Selma. Nun, Gott erhalte Euch die beiden Hände.
Wär' Schade d'rum — und auch um Eure Frau.
Doch ich vergaß, wie dringend mein Geschäft ist.

Serv. Auch mein's.

Selma. Ich hab' ein Schreiben an den Herzog.

Serv. Ich auch.

Selma. Mich sendet seine Tochter.

Serv. Mich
Sein Freund.

Selma. Die Tochter geht voran. (Sie will gehen.)

Serv. (sie zurückhaltend). Geschäft
Geht vor Verwandtschaft.

Selma. Blut geht vor Geschäft.

Serv. (sie wegschiebend). Der Staat geht Allem vor.

Selma (sich stemmend). Wir wollen ...'n.

Serv. (dreht sie dreimal im Kreis, hebt sie in die Höhe und stellt
sie nieder). Uff. Causa gravis. Ein gewichtig Ding.

Selma. Uff. Der ist stark.

Serv. Was gibst Du für die Vorhand?

Selma. Was heischt Ihr?

Serv. Nun — wie sag ich's? Questo. (Er deutet auf
ihren Mund.)
Al questo. (Er zeigt auf seine Lippen.)

Selma. Ei, sonst Nichts?

Serv. Nun denn . . .

Selma. Das sollt Ihr haben —

Serv. (will sie fassen).

Selma (sich losmachend). Sobald man Euch herabhaut in
der Schlacht (sie schlägt auf seine Rechte)
Erst Questo (auf die Linke) und dann Questo!
(Sie läuft gegen das Zelt.) Gnäd'ger Herzog!

Wache. Zurück!

Officier. Was gibt's? Wer lärmt hier?

Wache. Diese Dirne —

Selma. Herr, an den Herzog! (Zeigt den Brief.)
Officier.   Gib' nur her!
Selma.   Nicht möglich.
Er kommt von höher, als wir Beide steh'n.

Officier. Durch solchen Boten käm' so hohe Botschaft?
Wie ließen Dich die Wachen ein?
Selma.   Der Ungar
Hier kennt die Losung.
Officier.   Kennst Du diese Dirne?
Serv. Ich habe sie im Arm gewiegt.
Selma.   Das lügt er!
Officier. Und Du? Wer bist Du?
Serv.   Eurem Herrn geschickt
Mit einem Brief.
Officier.   Von wem?
Serv.   Von meinem Herrn,
Dem Grafen Laczsi.
Officier.   Her! Kommt er nicht selbst?
Serv. Er folgt mir nach — das Alles steht im Brief.
Officier. Ich übergeb' ihn gleich. (Zu Selma.) Du warte
                                                       hier.
In's Zelt darfst Du nicht ein. Venedigs Späher
Geh'n um in mancherlei Gestalt und Kleid.
Wer weiß (zu Serv.), ob's nicht ein Mann ist?
Serv.   Nein.
Selma.   Wie wißt Ihr's?
Officier. Und ob sie nicht den Dolch im Kleid führt?
Serv.   Nein!
Officier. Laff' Dich durchsuchen —
Selma.   Das verbitt' ich mir.
Serv. Ich bürge Euch — sie führt nichts Derlei mit.
Officier. (lachend). Nun, steht es so, da meld' ich sie.
                                   (Ab ins Zelt.)
Selma.   Ihr bürgt ihm?
Wie dürft Ihr? Sprecht Ihr doch, als hättet Ihr
Mich visitirt?

Serv.   Ich hab' nun das Vertrauen.

Selma. Wie wißt Ihr, daß ich keine Waffe führe?

Serv. Du hätt'st mir sonst die Hand schon abgehau'n.
Doch halt, der Herzog.

Carrara kommt eilig.

Carr. Der Wojwode schickt Dich.
Wer ist die Magd? Was? Selma?

Selma. Gnäd'ger Herr,
Das hohe Fräulein schickt Euch diesen Brief
Mit tausend Thränen.

Carr. Ist sie krank?

Selma. Nicht krank,
Doch was ihr fehlt, sagt sich vor Zeugen nicht.

Carr. (zu Servaz). Dein Herr kommt erst in wenig
Stunden her,
So schreibt er hier. Hast Du noch andern Auftrag?

Serv. Er sagte noch, es wär' ihm lieb, wenn ihn
Der junge Herzog noch vor'm Lager träfe.
Er wagt es nicht zu wünschen, doch — er hofft es.

Carr. Ha — Cecco — Gut. Laßt ihn bewirthen. Geht.
(Officier und Servaz ab.)
Nun, Selma sprich. Doch hier ist ja der Brief.
Wie mir die alten Hände zittern! Wie!
Nicht krank?

Selma. Nein, Herr.

Carr. Dem Herrn sei Dank! Laßt seh'n. (Er liest.)
„Mein theurer Vater und gnädiger Herr! Ich betrübe
Euch, weil ich muß. Mein Ohm Marsilio, den Ihr mir
zum Schutz gelassen, ist mein Dränger geworden. Er liebt
Euch zu wenig und mich zu viel. Das Volk umdrängt ihn,
wo er geht und ruft: „Frieden! Wir wollen Frieden! Es
lebe Marsilio!" (O, Cecco! Cecco! Hättest Du Recht?)
Selma's Bruder, der Waffenschmied, sagt, daß viel venetia-
nische Ducaten im Volke laufen und daß Euer Ansehen,
theurer Vater, außer Umlauf kommt. Euer Bruder behauptet
auch, Ihr hättet mich ihm zum Weibe versprochen. (Er
lügt — versprochen!? Nein! Ich hab' nicht Nein gesagt)
und weil das Volk ihn, Marsilio, liebe, so könnte ich für
Euch nichts Besseres thun, als gleich sein Gemal werden.
(O, der Schurke!) Ich sagte ihm, ich würde Alles thun, was
mein Vater befiehlt, aber nichts ohne Euch. (Brav, Catella
brav!) Seitdem bewacht er mich und entfernt alle meine
Getreuen. Auch Selma bedrohte er und so schicke ich sie
lieber fort mit diesem Brief, ehe mir jeder Weg verlegt
ist. Ich fürchte meinen Ohm und so ich kann, will ich

fliehen. Selma's Bruder, der Waffenschmied, will mir Roß
und Rüstung schaffen. Erwartet mich — ich komme bald,
vielleicht ehe Ihr mich erwartet. Gebt die Losung, daß mich
die Vorposten einlassen. Gott schütze Euch und mich. Eure
getreue Tochter Katharina."
O, der Verruchte! O, mein armes Kind!
Mein kluger Cecco! O, mein thöricht Haupt.
Wie tret' ich nun vor meinen Sohn? Wie bitt' ich
Die Unbill ab? Er muß nach Padua,
Muß retten, was zu retten ist. Man liebt ihn.
Marsilio's Haupt ist sein. Du Mädchen, schnell!
Battista!

(Officier kommt.)

          Fort mit ihr zur Wachenkette.
Gib Einlaß Jedem, den sie Dir bezeichnet.

(Officier und Selma ab.)

Doch Apor, Apor! Ihn zieht's nach der Schlacht.
Er zählt auf meinen Sohn. Und zieht der ab,
Was biete ich dem ungarischen Freund?
Er zieht hieher mit zehentausend Reitern —
Die sollen nur zum Schmaus gekommen sein?
Wie darf ich Frieden schließen ohne Ludwig?
Wie ohne Cecco noch den Krieg verfolgen?
Und Apor eilt. Was thu' ich! He, wer kommt?
Ist's der Wojwode? Nein!

Katharina in voller Rüstung, Selma.

Kath.   Mein Vater!
Carr.   Kind!
Mein süßes, schönes Katharinchen! Nun!
Nicht wahr — Da bist Du ja ganz heil und frisch.
Welch' ein herzlieber Held! Wie glänzt Dein Aug'!
Sprich doch! Wie athemlos! Warst Du verfolgt?
Kath. Nein — anfangs nicht — Ein Stuhl!

(Selma bringt einen Feldstuhl; sie setzt sich.) Ah! So ist's gut.
Mit Morgengrau'n entließ ich Selma's Bruder,
Und da ich Sacile von Weitem sah,
Aufathmen wollte, war ich nicht allein.
Auf weißem Roß ein schwarzer Reiter flog,
Nicht g'rad' der Straße, querfeldein, als gält es
Den Weg mir abzuschneiden, auf mich ein.

Ich treib' mein Thier und schließ das Aug' und muß
Doch immer nach ihm seh'n. Nach vorn' geneigt,
Wie, wer dem Pfeil ausweicht, legt er sein Haupt
Fast auf des Rosses Mähne. Wie ein Vogel
Schnitt es die Luft. Sein Helmbusch loderte
Wie eine Flamme, die der Sturmwind facht.
Schön war's zu seh'n, hätt' mich nicht Angst berückt,
Denn solcher Reiter wächst nicht unter uns.
Doch als er sah, daß ich auf all' sein Winken
Nicht stille stand, hielt er wie plötzlich an,
Ich aber schoß wie thörig weiter, und
Hier bin ich nun.

    Carr.   Und der Verfolger? Fort!
Er kann nicht fern sein.

                    (Ein Soldat ab.)

                    Rasch nun in mein Zelt,
Von so viel Leid und Angst Dich zu erholen.
Der Panzer drückt wohl, kleiner Krieger? Komm'!
Doch nein. Komm' Du allein erst, Selma. Noch
Ist dieses Zelt für solchen Gast nicht tauglich.
Verzieh' noch hier. Bis wir das Nest Dir fiedern,
Wird Dir ein Frühmahl munden hier im Freien.

          (Carrara und Anselma ab.)

    Kath. (den Panzer lüftend).
Ah! Freiheit! Leben! Luft! Tief athm' ich Euch,
Ich hab' Euch doppelt, weil durch eig'nen Muth.
Zu denken, daß ich heut' kein Mädchen wäre,
Gefangen wär' mit Seel' und Leib, zu eigen
Dem ungeliebten, ungeschätzten Mann —
Und daß dies Alles nicht des Vaters Macht,
Des Bruders Schwert nicht hätt' verhüten können —
Ei, Du mein junges Schwert (sie zieht), lach' mich nur an:
Ich fühl' Dich mein, jungfräulich, wie Du bist.
Nichts schuld' ich mehr dem Glück, ich stand auf mich
Und steh' auf mich und schwör's auf diese Klinge,
Nun, da ich der Entschließung Bitterniß
Und Süßigkeit gekostet: daß mein Leben
In Hinkunft mir allein gehören soll.

    Selma und **Diener** bringen einen gedeckten Tisch mit Wein.
Der Staatskunst Klugheit, meiner Herkunft Zwang,
Soll diesem Herzen keine Schranke setzen.

Was mein, gewähr ich oder weig'r' ich selbst, und
Entweder bin ich Mann für immer oder
Des Mannes nur, der mehr es ist, als ich
Und darauf, Mädchen (indem sie Selma umfaßt), fülle mir das Glas!
Die Freiheit hoch! Der Wein! Und hoch die Liebe!

Selma. O!

Kath. Sträubst Du Dich? Du lernst mich kennen!
(Sie küßt sie; lachend.) So!

Apor ist eingetreten und hat einen Becher ergriffen.

Apor. Auch mir Eins, Mädchen, wenn Du's missen kannst.
Ich grüß' Dich, Held. Was macht Dich blaß — und roth?
Carrara's Sohn — Du hast mich lang' gemieden.
Nun treff' ich Dich. Erröthe nicht. Es lebt
Kein Ritter, der den Sieger von Piave
Erröthen machen könnte. Deine Hand!
Welch' eine Hand, um eine Schlacht zu schlagen.
O, Wunderland mit deinem frühen Lenz.
Was Knabe noch bei uns, ist hier schon Mann.
Mit solchem Kinn, mit solchem Arm zu siegen,
Der selbst das Mädchen zagend faßt!
(Katharina läßt Selma, die sie unbewußt noch umfaßt hält, erschrocken
fahren. Selma ab).

           Du wendest
Dein Auge ab. Thu's nicht. Dein Auge spricht
Und löst das Räthsel. Ja, gesteh's, Dein Auge
Gewann die Schlacht. Das feuerte die Deinen
Zum Kampfe an, das macht' den Feind erstarren.
O, wende mir dies Auge freundlich zu.
Ich bin kein Feind, und wär' ich es gewesen,
Ich wär's nicht mehr. Francesco von Carrara,
Wir wollen Freunde sein.

Kath.   Wer bist Du, Herr?

Apor. Erräthst Du's nicht? Des Ungarnkönigs Diener
Und General Stephan Apor von Laczfi,
Wojwode Siebenbürgens.

Kath.   Edler Herr,
Wie wär' ich würdig...

Apor.   Solchen Angesichts,
Mit solcher Stimme, solchem Aug' — nicht würdig?
Du bist ein Prinz, noch eh' man Dich erkennt.
Doch bist Du's auch und lügt Dein Panzer nicht?
Bist Du kein Mädchen? Das wär' jammerschade.

3

Kath. (lächelnd). Warum? (Sie deutet auf den Feldstuhl; Beide setzen sich.)

Apor. Ich könnte mich in Dich verlieben.

Kath. Wär' das so schlimm, wenn ich ein Mädchen wär'?

Apor (ernster). Sehr schlimm. Es gibt kein Weib, das ich
nur halb
So lieben könnte, als ich Dir ein Freund wär'.

Kath. So hassest Du die Frau'n?

Apor. Das sag' ich nicht
(Obwohl an Grund mir's leider kaum gebricht)
Doch find' ich, daß die Schönheit sich befleckt,
Die nicht beseligt, sondern Wünsche weckt.
Ihr Anblick ruft zum Sturm, wie eine Veste,
Und nimmst Du sie, zerstörst Du auch das Beste.

Kath. So stürmt' ich nicht, ließ' Allem seinen Lauf,
Am End' thut sich die Pforte friedlich auf.

Apor. (Wie wahr spricht Einfalt! Hätt' ich still gewartet,
Ich hätte nie geliebt, bevor ich freite
Und nicht gefreit, wo ich nicht lieben kann!)

Kath. Du schweigst und seufzest.... Solch' ein Held
hat Kummer?

Apor. Das Glück will nicht erkämpft sein, wie der Sieg.
Es will sich geben, frei, reich, unverdient,
Wie sich die Göttin gibt dem Hirtenknaben.
Doch nein, die Frauen wollen's nicht. Sie fordern
Den Kampf, der ihrer Seele schmeichelt und
Dem Schmetterling die schönsten Farben raubt.

Kath. Du schmäh'st die Frau'n? Ein Ritter? Pfui!

Apor. Warum
Erwecken sie in uns die Selbstsucht nur?
Nichts Holderes, als solch' ein Frauenantlitz,
Doch unser Blick befleckt es schon.

Kath. Du thust
Uns..... Männern Unrecht.

Apor (sie anschauend und ihre Hand fassend). Dir gewiß, mein Prinz.
Dein Aug' ist klar — Du träumst von Schlacht und Siegen.
Auf diesen Wangen ruht der Pflaume Reif,
Die selbst der Südwind nur jungfräulich küßt.
O bleibe so — so schön — so frisch.

Kath. (ihre Hand befreiend). So sprichst Du
Mit einem Mann?.... Ich zieh' die Kraft der Schönheit.
Beiweitem vor. Und Deine Narbe zeigt mir,

Daß Dir auch Schönheit nicht als Höchstes gilt.
Mir kann am Weibe, wie am Mann vor Allen
Nur fester Vorsatz, Treu' und Muth gefallen.
Die Blüthe fällt, die Frucht verbleibt dem Winter.
Schönheit gefällt und — sonst ist nichts dahinter.
   Apor. O schmähe nicht, was Gott so gütig gibt.
Den Spiegel, d'rein er sich zu schauen liebt,
Das holde Harfenspiel, durch dessen Saiten
Mit jedem Hauch der Schöpfung Finger gleiten.
Seitdem die Götter diese Welt verlassen,
Mit uns nicht jubeln, leiden, lieben, hassen,
Seit Selbstsucht die Gerechtigkeit vertrieb,
Ist Schönheit noch die Gottheit, die uns blieb.
Sei kühn — Du fällst, wenn's Dir an Glück gebricht,
Sei weise — Wahrheit wird Dir ewig nicht,
Sei gut — in Träumen plagt Dich doch der Teufel,
In Allem stört Dich Unbestand und Zweifel.
Allein das Schöne ist Dir ganz entsiegelt,
Du siehst, Du glaubst und Zweifel plagt Dich nicht.
Es ruht die Seele und ist doch beflügelt
Auf Meer und Flur, auf gold'nem Abendlicht
Und auf dem Schönsten, d'rin sich Alles spiegelt,
Auf einem schönen Menschenangesicht.
Der Weise mag die Schönheit nicht ergründen,
Sie ist wie Gott — ein Kind weiß sie zu finden.
   Kath. (das Glas erhebend). Die Schönheit hoch denn!
        Blanka, Julietta,
Giovanna, Helena — wie heißt sie doch?
Du sinnst? Du zögerst? Alle denn zusammen?
(Fast wär' mir's lieb.)
   Apor.   (Daß ich den Namen selbst
Nicht sprechen kann! Mein Herz erlernt ihn nicht.)
   Kath. Du thust mir nicht Bescheid? Verletzt' ich Dich?
   Apor (aufstehend, ihr beide Hände auf die Schultern legend, bricht aus).
O lieb' nur einmal, junger Held! Es soll
Das Herz an's Große sich nicht klein gewöhnen!
Beraube Deinen Lenz nicht! Reich und voll
Mag Liebessommer Deine Mannheit krönen.
Du bist so schön, so kühn. Du wirst gefallen,
Die Weiber werden Dir zu Füßen fallen —
O fürchte diesen leichten Siegeslauf.

Die Liebe ist zu ernst zum Zeitvertreibe!
Bewahr' dem einen, Dir bestimmten Weibe
Die ganzen Schätze Deiner Sehnsucht auf,
Sonst wird ihr Blick, bestimmt, Dich zu entzücken,
Mit Ueberlast der Liebe Dich erdrücken:
Daß sie so reich, und Du ein Bettler fast,
Weil Du Dein Herz vergeudet hast.

Kath. (bei Seite). Wie diese Dämmerblicke mich umfließen,
Wie diese Klänge in mein Herz sich gießen!
Die Würfel meines Lebens sind gefallen —
Die dieser liebt, die ist geliebt vor Allen!

Apor. Du sinnst? Du lächelst wohl? Du denkst, der Ritter
Ist ein Prälat und predigt, weil er zecht?

Kath. Ich denke — ja, ich denk', ich möcht' ein Weib sein,
Um so geliebt zu werden, wie Du liebst.

Apor. Nein, Nein! Ich könnte Dich nicht halb so lieben.
Nein — wünsch' das nicht. Mich grau't schon vor dem Wort
Ein Weib! Ich bin für Weiber todt und stumm.

Kath. Wie das?

Apor. Gib Deine Freundschaft mir. Das fehlt mir.
Ein junges Herz, des Lebens vollen Keim,
Aus Jugenddrang zur Manneskraft entwickelt,
Das wär' ein Werk, das mich erfreuen könnte.
Erfahren bin ich, weil ich viel gefehlt,
Ich bin ein Thor, doch voll mit weiser Lehre.
Dich lehren, leiten, junger Prinz den Weg
Zu Kraft und Maß, zu zögerndem Erwägen
Und rascher That...., Du solltest lernen, wie
Schamhafte Red' zu kühnem Wagen paßt,
Gleich grünem Feigenblatt zu süßer Frucht.
Wie an den Dornenast der Pflicht die Rose
Des Selbstgenügens keimt — ich möcht' den Mann
Erleben, der in solchem Jüngling steckt —
Antinous zum Cäsar werden sehn,
Ich möcht' — ach, lach' mich aus! (Er bringt den Becher.)
                              Dein Glück, mein Prinz!

Kath. (anstoßend). Ich ahne Glück in Dem, was Du mir
                              weissagst!

Apor. Und lachst Du nicht? Ich spiele den Magister
Und weisen Mann — wie komm' ich nur dazu?
Nein, glaube nicht, daß ich mich klüger dünke
Als Dich — ich lieb' Dich nur vom Herzen — glaub's!

Rath. (seine Hände faffend). Ich glaub's — ich glaub's —
Es thut mir herzlich wohl!
Apor (fie an fich schließend). So an mein Herz! Nicht wahr,
es klopft ganz närrisch?
Wie kindisch! Nein — es ist doch schön. So gibt es
Ein Lieben ohne Wunsch? Du bist mein Freund!
Mein Freund! Dein Auge sagt's so feucht und klar.
(Carrara ist aufgetreten und bleibt wie gebannt stehen.)
O, werde glücklich, wie ich's nimmer war.
(Er küßt fie auf die Stirne.)
Carr. Halt!
(Katharina macht fich mit einem Auffchrei los.)
Apor. Sei gegrüßt, Herzog von Padua!
Du bietest mir den Willkomm nicht? Wozu auch?
Ich weiß, ich bin zu guter Stund' gekommen.
Dein tapf'rer Sohn, der fich mir sonst entzog',
Ist nun in meiner Hand, nicht nur zum Kriegsbund,
Nein, als herzlieber Freund.
Carr.   Mein Sohn?
Rath.   Ja — ich.
Apor. Ja, ich! — Erröthend sagt er's, wie ein Fräulein.
Rath. Erröthend, weil ich meinen Unwerth fühle.
(Zu Carrara.) Verrath' mich nicht.
Carr.   Ja, er ist fast ein Kind.
Apor. Erzengel Gabriel, so schön, wie stark.
Doch nun zum Rathschlag, wenn es Euch gefällt.
Es bleibt der Plan, wie er besprochen war?
Der Prinz stimmt zu?
Rath.   Gewiß.
Apor.   Wir greifen an,
Du lockst die Trevisaner aus der Feste,
Mit kleinem Häuflein — seid Ihr handgemein,
Dann stürmen meine Reiter seitwärts vor
Und Deine Hauptkraft greift vom Süden an.
Ist's recht?
Rath. Ganz recht.
Carr.   Doch — sumpfig ist der Grund —
Francesco meint . . .
Apor.   Ich glaub', wir müssen eilen,
Entsatz ist von Venedig angekündigt,
Wir müssen heute noch Treviso nehmen.

Wenn Cecco seiner Truppen sicher ist —
Wie Du mir sagtest, Fürst, sind's siebentausend ...
 Carr. Ich zweifle nicht ...
 Apor.   So hast Du uns versprochen.
Der König rechnet so. Wie? Cecco?
 Kath.   Ja — So ist's ...
 Apor.   Dein Vater zögert ... Hat Venedig
Etwa durch Geld auch Söldner abgewonnen?
 Carr. Nein, nein. (O wäre Cecco da!) Wojwode —
Mein liebes Kind — wir wollen in mein Zelt —
Dort liegen Pläne — wir besprechen's weiter.
Beliebt's Dir, Herr?
 Apor (im Gehen zu Katharina). Der Tag muß glücklich sein.
Wir fechten heut', Blut taufe uns'ren Bund,
Die junge Freundschaft wünscht Gefahr herbei.
Zwei steh'n für Einen, Einer kämpft für Zwei.
    (Sie gehen in des Herzogs Zelt.)

   Selma, Servaz mit einem Bratenstück kommend.

 Selma. Sagt kurz: Habt Ihr im Kloster was gelobt?
 Serv. Ich lobte Gott —
 Selma.   Ich meine — ein Gelübde ...
 Serv. Geliebte Brüder gibt's im Kloster auch.
 Selma. Warum wurd' Euch die Zelle eng?
 Serv.   Mir ist's
Zu gut gegangen.
 Selma. Ist das auch ein Unglück?
 Serv. Ein Unglück nicht, doch ein Verbrechen.
 Selma.   Wie?
 Serv. (vom Braten beißend und sie um den Gürtel fassend).
Der Mensch ist nämlich — so ist uns're Lehr' —
Zum Unglück da! Und wo er glücklich ist,
Da fehlt er schon und thut dem Schöpfer Unrecht,
Zum Beispiel —
 (Er sieht sich um, sie reicht ihm einen Becher, aus welchem er einen
      tiefen Trunk thut.)
 Selma.   Wie — zum Unglück da?
 Serv. (sich breit den Mund abwischend).   Gewiß!
Wie kommt der Mensch? Die Mutter stöhnt, es wimmert
Das Kind, die Andern freu'n sich, daß noch Einer
Sein' Theil vom Jammer kriegt. Gibt's ein Vergnügen,
So ist der Teufel unsichtbar dabei.

Zum Beispiel (er hält ihr den Becher hin, den sie füllt) hier im
Wein, der uns erfreut,
Steckt Jähzorn, Rauflust und Unfläthigkeit, (er trinkt)
Im Fleisch (indem er vom Braten beißt) steckt Wolluft und die
Graufamkeit.

Selma. Wie, Graufamkeit?

Serv. Was hat das Huhn gethan,
Daß ich's zerfleifche? Ist's nicht Gottes Werk?
Ich haffe alles Fleifch. (Er ißt.)

Selma. Er hat ein Herz.
So fchont Ihr in der Schlacht die Menfchen auch?

Serv. Quod non. Das nicht.

Selma. Und wollt das Huhn verfchonen?

Serv. Die Menfchen find mein Feind, das Huhn ist's nicht.

Selma. Wenn ich Euch recht versteh', so follet Ihr
Nur Menfchen effen und nur Hühner zeugen.
Noch ein Glas Wein?

Serv. (trinkt). Ich haffe allen Wein.

Selma. So wie die Weiber?

Serv. (sie in die linke Wange kneifend). Haffe alle Weiber.

Selma (lachend). Nur links.

Serv. (sie in die rechte Wange kneifend). Auch rechts.

Selma. Ich hoffe, nicht zu ftark.

Serv. (indem er sie küßt). So ftark, wie möglich. Stärker
kann ich's auch.

Selma (sich losmachend, indem sie ihm ein Stück vom Barte ausreißt).
So haßt Ihr Weiber — und fo lieb' ich Männer!

Serv. (sich die Stelle haltend). Auf's Blut! Das follst Du
mir bezahlen. — Was?
Kommt da nicht Peter Harcfa? Was ist los?

Harcfa, ein ungarifcher Ritter, kommt athemlos.

Harcfa. Herr Waffenträger — wo ist der Wojwode

Serv. Was gibt's!

Harcfa. Gefahr — ein Ausfall aus Trevifo.
Die Vorpost ftieß auf Feindestruppen.

Serv. Herr! ...
Mein gnädiger Herr! (Ab in's Zelt.)

Selma. Da läuft er hin. Ich hätt'
So gern gefeh'n, wie weit er feinen Haß treibt.
(Zu Harcfa.) Ihr hättet auch ein wenig fpäter oder
Viel früher kommen können. Welch' Getös!

Das bischen Krieg läßt Einem keinen Frieden.
Ich such' mein Fräulein. (Ab.)

Carrara, Apor, Katharina, Servaz, Paduanischer Officier kommen.

Apor. Sattle schnell die Pferde. (Servaz ab.)
So besser denn! Es bleibt uns keine Wahl.
Carr. Gebt das Signal. (Trompeten.) Wir brechen auf.
Kath.   O weh —
Was thu' ich nun?
Carr.   Käm' Cecco nur!
Apor.   Wir östlich,
Ihr fallt sie südlich an. Du, Cecco, kommst
Mit mir.
Carr.   Das kann nicht sein.
Apor.   Es muß so sein.
Wie wüßt' er sonst die Richtung, die wir nehmen?
Er stoßt zu Euch, sowie die Schlacht sich klärt.
(Zu Katharina.) Du siehst das ein?
Kath. (entschlossen). Gewiß! Mein Pferd!
Carr.   Jedoch —
Apor. Zu Aber und Jedoch ist keine Zeit.
          (Er faßt Katharinens Hand.)
Kath. Leb' wohl, mein Vater. (Leise.) Wenn Du
                              mich verräthst,
So sink' ich um.
Carr. (verzweifelt). Nein, niemals! Meine Tochter!
Du willst mit meiner Tochter in die Schlacht!
Apor. Ha! Tochter! Deine Tochter? Nicht Dein Sohn?
          (Katharina bedeckt ihr Antlitz.)
Ich habe seine Tochter... Maskeraden!
Carr. Ein schlechter Scherz. Vergib.
Apor.   Ich küßte sie!
Mir schwindelt! Wie sie schön war! — Und Dein Sohn?
Ein Mädchen! Und Dein Sohn?
Carr. (verlegen).   Er führt die Schaar.
Apor. Fort denn. Wir halten das Gefecht. Seid rasch!
Mein Pferd!
Serv. (kommt).   Es harrt!
Apor. Ein Mädchen!.... Lebe wohl!
     (Er will Katharinen die Hand reichen, zieht sie aber zurück.)
O, besser wär's, Du wärest nie geboren,
Als daß Du Mädchen bist. Lebt wohl. (Ab.)
Carr.   Ich folge. (Ab.)

Selma kommt.

Serv. Leb' wohl! Ich hasse alles Weibervolk. (Er küßt sie).
Selma (drohend). Leb' wohl! Ich zahl' Dir's, wenn Du
wiederkommst.
(Servaz ab.)
Kath. (die Apor stumm nachgesehen).
O dürft' ich mit ihm fechten, für ihn sterben!
Dürft' ich ein Knabe sein in seiner Hut.
Ich bin ein Weib, der Schmuck gebührt mir nicht.
(Sie wirft das Schwert fort.)
Ich hab' nur Thränen und ein heiß' Gebet. (Sie kniet nieder.)
O Gott, bewahr' ihn vor des Feindes Pfeilen
Und mich vor Wahnsinn! Selma! (Sie fällt.)
Selma (sie auffangend). Helf' uns Gott!

Trommelwirbel. Der Vorhang schließt sich von zwei Seiten. Schlacht-
musik, an deren Schluß sich der Vorhang öffnet. Dieselbe Scene.

Carrara verwundet, **Katharina, Officiere.**

Kath. Gefangen nur? Nicht todt? Und nicht verletzt?
Er ist nicht todt?
Carr.   Apor gefangen, ich
So gut wie todt!
Kath. (aufathmend).   O!
Carr.   Steckt die weiße Fahne
An's Zelt! Die Ungarn stürmten allzurasch,
Die Unsern wichen, weil uns Cecco fehlte.
O Cecco! O mein thöricht jäher Zorn.
Als Apor in des Feindes Hände fiel,
(Der Edle hat den Platz nicht räumen wollen)
Da schrie das Ungarvolk: Verrath! Sie heischen
Nun raschen Frieden, Apor auszulösen,
Sonst greifen Sie uns selber an. (Zu einem Officier.) Hinüber!
Zum Feind! Verlange Frieden, was der Preis sei.
Sie sollen die Bedingungen dictiren.
(Officier ab.)
Die Wunde schmerzt. (Zu Katharina.) Ich will in Frieden sterben.
Ich lasse Cecco Herrschaft, Thron und Macht.
O wär' er da!

Cecco kommt.

Cecco.   Mein Vater!
Carr.   Kommst Du jetzt?
Cecco. Ich hoffe, nicht zu spät!

Carr. Du kommst zu spät.

Cecco. O hätteft Du des Sohnes Rath gehört!

Carr. O hätteft Du den Vater nicht erzürnt!

Officier, Dandolo und zwei venetianifche Officiere kommen.

So rafch?

Officier. Des Feindes Boten trafen mich
Auf halbem Weg. Sie bringen, was Du heifchteft.

Carr. Den Frieden?

Dand. Die Bedingungen, Francesco.
Du dankeft fie dem Ungarnkönig nur.
Wir haben Ludwig's Feldherrn in der Hand.
Ich fag' Dir's offen, daß es uns bedrängt,
So hohes Pfand zu halten. Löf' es aus.
Dann hat Venedig Ungarn nicht verletzt.
Doch fchließeft Du den Frieden nicht, fo hat
Nur Padua des Königs Macht beleidigt.
Du haft das Löfegeld. Es fteht an Dir.

Cecco. O Schimpf und Schmach! Nicht uns bringft
Du den Frieden?

Dand. Hat Padua zwei Herr'n? Wer ift der Mann?

Cecco. ⎱ Es ift ...

Carr. ⎰ Schweig' ftill! Laß' die Bedingung hören.

Dand. Francesco von Carrara, nicht den Krieg,
Den Mord im Dunkeln haft Du angerufen.
Du follst als Büßer nach Venedig zieh'n,
Den Mord, den Du an Barbo und Ziani
Und meinem Oheim Dandolo geplant,
Von der Signoria Pardon erfleh'n.

Cecco. Das kann nicht fein.

Dand. Laß' Unterthanen fchweigen,
So lang' der Rath Venedig's zu Dir fpricht.

Cecco. Die Unterthanen?

Carr. Bift Du's nicht?

Cecco. Ich bin's.

Rath. (befchwichtigend). Mein Vater!

Dand. (zu den Officieren). Dies fein Sohn?

Carr. Du fiehft es, Herr.
Ich bin verwundet, kann nicht reifen.

Dand. Gut.
So foll's Dein Sohn.

Cecco. Ha!

Carr.   Könnte nicht mein Bruder?
Marsilio?
    Dand.   Er ist Venedig's Freund.
Die Buße gilt nur Dir und Deinem Haus.
    Cecco. O Schmach! O Schande!
    Carr.   Herr, laß' uns berathen.
Der Fall ist schwer. Wollt Ihr nicht dort verzieh'n?
(Dandolo verneigt sich und verläßt mit seinem Gefolge die Scene.)
    Cecco. O Vater, laß' uns j e t z t den Kampf versuchen.
So schimpfliche Bedingung tödtet Dich
Und mich. Sie liefert unser ganz' Geschlecht
Dem Schimpfe aus — d a s ist Venedig's Absicht —
Und bringt Marsilio auf Deinen Thron.
    Carr. Ich wollte kämpfen und Du wolltest nicht.
Du willst den Frieden nicht, und ich, ich will ihn.
Zu Deinem Besten. Gehst Du nach Venedig?
    Cecco. Zur Hölle eher, in die Welt als Bettler,
Als meinem Namen diese Schmach zu thun.
    Kath. Mein Bruder.
    Carr. (ausbrechend). Cecco! — Nein, ich fluch' Dir nicht.
Ich gehe nach Venedig.
    Kath.   Vater, nein!
Du bist zu krank.
    Cecco (kniend). Mein Vater, thu' es nicht!
    Carr. Venedig vor mir, Ungarn hinter mir.
Zwei Feinde drohen, und mir hilft kein Freund.
Die Weigerung ist sich'rer Untergang.
Du oder ich, es muß es Einer thun.
    Cecco. Du darfst es nicht, ich kann es nicht.
    Carr.   Du sollst es.
    Cecco. Ich will es nicht.
    Carr.   So willst Du meinen Tod.
    Cecco. Und noch Verdacht? O Vater, wehe uns!
Muß Herrschaft Sohn und Vater so entfremden,
So werfe ich die Herrschaft willig hin.
Sieh' her! Auf immerdar entsag' ich hier
Dem Thron, der Herkunft, selbst dem Namen, den
Du mir gegeben. Nackt, wie ich geboren,
Geh' ich von hinnen in die weite Welt.
Leb' wohl, mein Vater, Du hast keinen Sohn.
Leb' wohl, o Schwester! Pflege sein! Vielleicht
Bring ich die Hilfe, wenn mir Gott geholfen.

Carr. Mein Sohn!

Cecco.   Lebt wohl! (Ab.)

Kath.   O Cecco! O mein Vater!

Carr. Das Haus Carrara sinkt! Es ist kein Heil mehr.

Kath. Es ist!

Carr. Soll ich, so wund und krank...

Kath.   Du nicht, doch ich. Ich habe schon einmal
Für Deinen Sohn gegolten. Dandolo
Hielt mich dafür. Venedig kennt mich nicht!
Ich gehe hin, um Apor auszulösen.
Ist er versöhnt und König Ludwig auch,
Wird das den Frieden mildern.

        Carr   O Kath'rina!
Mein Heldenmädchen! Willst Du's wagen?

Kath.   Ja!

Carr. Ruft die Gesandten!

> Dandolo und Gefolge kommen.

Kath.   Herr, ich folge Euch.

Dand. Und willst Du Prinz, vor unf'rem Rathe büßen?

Kath. Ich will es, weil ich muß.

Carr. (zaghaft).   Und ist — mein Kind —
In Eurer Hand ganz sicher?

Dand.   Wie bei Euch.

Carr. Seid gut und freundlich! Ich gedenk' es Euch!

Selma. Hochmögende, gewährt mir eine Bitte...

Dand. Was will das Mädchen?

Selma.   Mein — Geliebter ist
Gefangen in Venedig... Darf ich hin?

Kath. Ich kenne sie und den sie liebt. Gewährt es.

Dand. So sei's, mein Prinz.

Carr.   Folgt nur noch auf ein Wort.

> (Alle, bis auf Selma, in's Zelt.)

Selma. So lös' auch ich mir meinen Reiter aus.
Er haßt die Frauen gar zu schön. Ob's wahr ist?
Die Mutter sagt's — ich laff' mir's auch nicht rauben,
Man muß dem Männervolk nicht Alles glauben.

> (Ab in's Zelt.)

Der Vorhang fällt.

Dritter Act.

Saal im Dogenpalaſt. Im Hintergrund ein erhöhter Sitz für den Rath der Zehn. In der Mitte ein nach zwei Seiten geöffneter Vorhang und davor eine Schranke, welche die Zuhörer von den Rathsherren trennt.

Doge **Contarini**, um ihn die **Rathsherren**. Vorne rechts **Apor** ohne Schwert. **Katharina** im Büßerkleid. **Volk**, darunter **Servaz** und **Selma**.

Cont. So gibſt Du zu, Francesco von Carrara,
Daß uns Dein Vater Meuchelmord geplant?

Kath. (will vortreten, ſchwankt, ſieht Apor an).
Ich geb' es zu.

Apor (ſie ſtützend). O theures Kind!

Cont. Es reu't ihn?

Kath. Es reu't ihn.

Cont. Und willſt Du in ſeinem Namen
Hier Buße thun und um Verzeihung fleh'n?

Kath. (tritt bis zur Schranke und kniet nieder).
O ſeh't mich knieen, Ihr Väter dieſer Stadt,
Das arme Kind für den gekränkten Vater.
Denkt Eurer Kinder! Fürchtet das Geſchick,
Das über meinem Haupt und Eurem waltet
Und gebt Verzeihung!

Cont. (der mit den Rathsherren geflüſtert). Gut, wir geben ſie.
Steh' auf, mein Sohn, und ſünd'ge ferner nicht
Und ſag' dem Vater, daß er Sünde meide.*)

---

*) Des Dogen eigene Worte.

Der Verf.

(**Katharina** will aufstehen und muß von **Apor** gestützt werden.
Bewegung im Volk).

Du aber, Fürst von Transylvanien,
Des großen Ludwig Feldherr, bist nun frei.
Wir ehren in Dir Dich und Deinen König,
Nimm hin Dein Schwert,

(Ein Officier übergibt Apor das Schwert.)

Das nicht dem Feind erlag, nur
Dem schwanken Bundgenoss' und schlechter Sache.
Die Friedenspunkte wird der Rath erwägen.
Franz von Carrara, geh' in Frieden hin.

(Der Vorhang schließt sich, das Volk verzieht sich.)

Selma (Servaz erbittert von sich stoßend).
Lass' mich! ich hasse alle Männer. Was?
Verlobt! Er ist verlobt! O Niedertracht!

Serv. Mein Herr — nicht ich.

Selma. Was kümmerst Du mich, Narr!
Sei Du verlobt mit Satans Großmama,
Das gilt mir gleich. Doch meine gute Herrin!
Sie liebt Apor zum Wahnsinn. Wehe uns!
Ich glaubt', es wäre ausgemacht, daß sie
Wojwodin wird. Dann, nun ja, meinetwegen,
Wär' ich vielleicht auch Dir gefolgt — denn ihr,
Ihr folg' ich in die Hölle.

Serv. Danke schön.

Selma. Nun aber — Jammer, wie es keinen gibt.
Sie löst ihn aus, sie liebt ihn, folgt ihm her,
Und er erfrecht sich, sich verlobt zu haben.
Da sieh' — wie sie die Arme um ihn schlingt.
Verräther! Schwarzer ung'rischer Verräther!
Ich sag' ihr's gleich!

Serv. Um Gott! Nicht jetzt!

Selma. G'rad' jetzt!
Prinzessin! Herrin!

Apor. Schweig'!

Selma. Lass' los! Dein Arm
Erwürgt ihr Glück!

Kath.   O seliges Erwachen!
Welch' schöner Tag scheucht arge Träume weg!
Sagtest Du nicht, wenn ich ein Mädchen wär',
Du könntest mich nicht halb so lieben! Nun!
Ich bin ein Mädchen und ich lieb' Dich zweifach,
Da mit dem Panzer die Verstellung fiel.
Doch lieber will ich wieder Jüngling werden,
Die Rüstung ewig tragen, eh' ich nur
Ein Fünkchen misse Deiner guten Lieb'.
Ach, bin ich auch ein Mädchen? Hab' ich nicht
Der Art vergessen, daß ich Dir so frei
In Worten sage und in Thaten zeige,
Was Stolz und Scham in Doppelschleier hüllt:
Daß ich nur Dein bin, Herr, durch Dich nur lebe!

Apor. O fürstlich' Mädchen!

Kath.   Katharina heiß' ich.

Apor. O Katharina!

Selma (weinend). O, wie sie ihn liebt!

Serv. Doch möcht' ich nicht um Alles Apor heißen.

Kath. Es ist sehr arg, nicht wahr? Ich sag' nicht blos,
Daß ich Dich lieb', ich frage nicht einmal,
Ob Du mich wieder liebst. — Sei still! Ich weiß es!
Auch wenn Du's leugnest, weiß ich,'s klar: Du liebst mich.
Ich seh's an Deinem feuchten Blick — und schließt Du
Die Augen, bebt's aus Deiner Stimme mir,
Und bist Du stumm, so pocht's aus Deiner Brust,
Und wär'st Du fern, so sagt es mir mein Herz:
Es muß ja sein — es ist so, sicherlich —
Die muß geliebt sein, die so liebt, wie ich!

Selma. O wehe uns!

Kath.   Wer kann da weheklagen?
Du, Selma! O sei glücklich, ich bin's auch! (Sie küßt sie.)

Apor. Ich nicht! Ich war's nicht und ich werd' es nie.

Serv. (zu Apor.) Die Dirne weiß, nehmt' Euch in Acht!

Apor. Zu spät.
        Da ich für eitlen Prahlerfolg die Freiheit hingab,
Da mußtest Du mich warnen. O Maria!
Wir werden uns mit Zähneknirschen lieben.

Kath. (aufschreiend, zu Selma).
Das kann nicht sein! Du lügst! Du lügst! Du lügst!

Apor. O Katharina!

Kath. (will zu ihm, dann zurückschreckend).
Eine And're liebst Du?

Apor. Wer das sagt, lügt.

Kath. Sie sagt, Du sei'st verlobt.

Apor. Das lügt sie nicht.

Kath. Und Du — Du! Du verlobst Dich
Wo Du nicht liebst?

Apor. Das ist's, worin ich fehlte.

Kath. Das kann nicht sein. Mein Gott, das kann nicht sein.
Ich bin ein Weib. Mich schreckt die nächste Angst,
Mit zieht die Lockung, die am nächsten liegt.
Und doch hat mich Gewalt nicht zwingen, nicht
Gelegenheit dazu verlocken können,
So zu verkaufen, was nicht mir gehört.

Apor. Ich kannte Katharinen nicht. Ich kannte
Die Liebe nicht. Ich kannte Apor nicht.

Kath. Ich kannte Dich nicht, doch ich harrte Dein.
Ich fühlte halb mein Herz und wußte, Gott
Schafft Herzen nur in Paaren, die sich suchen.
Da schwur ich mir, zu meinem Paar zu halten.
Ich schwur's im Augenblick, da Du erschienst.
Und Du — von Dir, in solcher Stund' gesandt,
Soll ich es fassen, daß Du hingegeben,
Was mir bestimmt — daß Du die Andere liebst!

Apor. Ich lieb' sie nicht!

Kath. Und hast Dich ihr versprochen?
Geht Herz und Wort bei Dir nicht einen Weg?
Du liebst sie. Du hast Recht. Weh' mir! Sie hat sich
Dir nicht an's Herz geworfen. Schande mir! (Sie weint.)

Apor (sie fassend). Dich liebe ich und Dir gehör' ich an.
Mit unser'm Wort spielt Gott und spielt der Teufel.
Der läßt uns reden, wie Comödianten,
Die Rede sprechen, die dem Dichter paßt.
Ich spielte einmal eine Heldenrolle.
Sie riß mich hin — mein Herz spricht anders. Hier
Ist meiner Wünsche, meines Stolzes Ende.
Dich lieben ist mein Schicksal und ich lieb' Dich.
Katinka! Da ich schwieg', da glaubtest Du —

Nun, da ich's schwöre, kannst Du es bezweifeln?
(Zu Servaz.) Zur nächsten Kirche. Sei das Schiff verbrannt
Dein bin ich, süßes Mädchen, für Dich sterb' ich
Und lebe auf. — Ich bin Apor gewesen,
Gewesen ist Maria's Bräutigam,
Gewesen Laczfi, König Ludwig's Leh'nsmann —
Von meines Lebens Tafel lösch' ich die
Vergangenheit, wie eine schlechte Schrift,
Und schreib' mit Flammenlettern mir die Zukunft.
Willst Du es so?

    Kath. (sich losmachend). Nein, Herr, so will ich's nicht.

    Apor. So willst Du mich nicht?

    Kath.   Dich, nicht Deinen Schatten
Sollst Du um mich all' Deiner Zier entsagen,
Der Ehr', der Treu', dem Namen, Deinem Selbst?
Ein namenloser Wegelag'rer sein?
Nein, Herr, das ziemt nicht Dir, noch Katharinen.

    Apor. So weißt Du einen andern Weg?

    Kath.   Es gibt
Nur Einen: geh' den Pfad zurück, der Dich
In diese Wirrniß brachte. Stehe Deinem Schicksal —
Weich' ihm nicht rücklings aus.

    Apor.   Wie?

    Kath.   Kehr' zurück
Zu Deiner Braut, sag', daß Du sie nicht liebst,
Nimm Deines Brautrings falsches Gold zurück,
Dann komm' zu mir.

    Apor.   Du liebst mich nicht!

    Kath.   O Herr,
Wofern Du's glauben kannst, so sei dem so.

    Apor. Ich soll gesteh'n, daß ich ihr falsch geschworen?
Wortbrüchig soll ich vor Maria steh'n?

    Kath. Du stehst vor mir so und erträgst es. So
Ziehst Du sie vor. Ich seh's, sie ist geliebt.

    Apor (nach langer Pause).
Wohl möglich! Wie? Ihr in's Gesicht, das kalte,
Doch schöne, stolze, offene Gesicht,
Soll ich es sagen, daß ich sie belogen . . .
Die Schmach mir anthun — wie — und ihr die Schmach?
Die Königin — und — o mein König Ludwig!

Wo sink' ich hin? — Die Erde schwankt — ich weiß
Den Abgrund nicht, der mich bedecken könnte!
Und ich — ich hätte fast gethan, was ich
Jetzt kaum zu denken wage — hätt' es tückisch
Und feig' gethan! — Wem dank' ich's, daß es nicht
Gescheh'n? Nicht mir! Dir, fürstlich hohes Mädchen!
Du hattest meine Ehre in der Hand
Und gabst sie wieder. Liebe ist das nicht,
Doch mehr als Liebe und so dank' ich Dir's.
(Er kniet nieder und küßt ihre Hand.)
Nimm Alles, Alles, was noch in mir lebt,
Du Lichtgestalt! Da ich nicht lieben darf,
Nimm diese Thräne schmerzlichen Entsagens
Und die Anbetung, die der Heil'gen ziemt.
Schutzengel, Göttin! Lebe wohl! (Er erhebt sich.)

Kath. Du gehst? . .

Apor. Zum Dogen, Fürstin! Eures Vaters Sache
Heischt noch mein Fürwort. Sagt ihm, daß ich hier, wie
In Visegrad nach Kräften für ihn wirke.
Ihr brecht wohl heute auf nach Padua?

Kath. Apor!

Apor (zu Servaz). Du wirst die Damen heimgeleiten.
Ich geb' Dir Briefe für den König und
Für meine Braut. Du gehst von Padua
G'radaus nach Ungarn. Hol' in einer Stunde
Die Briefe ab. (Er will gehen, indem er sich verneigt.)

Kath. (die Arme nach ihm ausstreckend).
Du liebst mich nicht! Du hast mich nicht geküßt!
(Apor thut einen Schritt gegen sie, bezwingt sich und geht nach tiefer
Verbeugung ab; sie fällt in Selma's Arme.)

Selma. Mein gnäd'ges Fräulein!

Serv. Wann reist Eure Hoheit!

Kath. Wohin?

Serv. Nach Padua, in Eure Heimat.

Kath. Du lügst! Die Heimat ist nicht Padua.
Die Heimat ist, wo Stephan Apor wohnt.
O Selma, hast Du Katharina lieb?

Selma. O Gott!

Kath. (bricht aus einem mit Edelsteinen besetzten Dolchgriff zwei
Steine aus; zu Servaz).
Kauf' mir ein Pagenkleid. Und hier,
Der Stein ist Dein.

Serv. Wofür?

Kath.　　　　Wenn Du mich hinführst.

Serv. Wohin?

Kath.　　　　Nach Ungarn.

Serv.　　　　　　　Nein, das wag' ich nicht.

Selma. Du wagst es, wenn ich's wage.

Serv.　　　　　　　Und mein Herr?

Kath. Er soll's nicht ahnen. Seh'n will ich sie nur,
Die stolze Braut, die er so wenig liebt.
Ich kann nicht leben hier, ich kann nicht sterben,
Bis mir ihr Anblick letzten Aufschluß gibt.
Und muß ich ferne ungeliebt verderben,
Soll Apor wissen, wie ich ihn geliebt!
Nach Ungarn!

Serv.　　　Helf' uns Gott — wir haben's noth!

Der Vorhang fällt.

Vierter Act.

Am Hof zu Visegrad. Königlicher Balkon mit drei Logen, welche auf den Turnierplatz gehen. Dem Zuschauer ist der Eingang in diese Logen zugewendet. Links im Vordergrunde ein Zelt. Weitere Logen, soweit sie sichtbar, sind durch Ritter und Damen besetzt.

In der rechten Seitenloge **Maria**. Vorne **Bubek** und **Duczi**.

Bubek. Duczi?

Duczi. Mein gnäd'ger Herr?

Bubek. Die Königin kommt wohl?

Duczi. Ich weiß nicht, Herr.

Bubek. Sie liebt sonst die Turniere.

Duczi. Ich weiß.

Bubek. Doch liebt sie diesen Wälschen nicht,
Der ewig siegt.

Duczi. Ich weiß nicht, Herr.

Bubek. Er kämpft heut'
Mit einem starken Krainerheld.

Duczi. Ich weiß.

Bubek (auf Maria zeigend). Die Gräfin wettet wohl, der
Wälsche siegt?

Duczi. Ich weiß nicht.

Bubek. Niemand kennt den Mann.

Duczi. Ich weiß.

Bubek. Du, unter uns! Hat sie ihn je gesprochen?

Duczi. Ich weiß nicht.

Bubek. Er ist hübsch und weiß zu singen.

Duczi. Ich weiß.

Bubek. Schreibt sie an ihren Bräutigam?

Duczi. Ich weiß nicht.

Bubek. Narr, sie kann ja gar nicht schreiben,
D'rum mußt Du's wissen, wenn sie schreiben läßt.
Sie ist wie Stein.

Duczi. Ich weiß.

Bubek. Doch dieser Wälsche
Umschleicht sie stets . . .

Duczi. Ich weiß nicht.
Bubek. Sapperment!
Ich weiß . . . ich weiß nicht . . . Dummer Bub'. Ich werd'
Aus Dir nicht klug.
Duczi. Ihr heischt zu viel, mein Herr.
(Bubek geht in die Loge zu Maria.)
Geh' nur, Du alter Luchs! Ich hasse sie,
Die Falsche! Doch wird Duczi kein Verräther.
Ich weiß, ihr Auge hängt an jenem Fremden,
Ihr Ohr trinkt seiner Laute süßen Klang,
Wenn er im Garten zirpt. Sie spricht kein Wort.
Doch öffnet sie das Fenster. Mir ist's gleich.
Wer weiß, wenn Apor es erfährt, er läßt sie,
Und dann — ja freilich — ich bin etwas jung.
Doch Zeit gewonnen — (Trompeten.) Ah, der König kommt.

Ludwig und **Elisabeth** sammt **Gefolge,** welches in gemessener Ent=
fernung schreitet und sich auf des Königs Wink in die Logen vertheilt.
Maria und **Bubek** sind dem königlichen Paare entgegengekommen.

Ludw. Der Italiener ist ein wahrer David
Vor diesem train'schen Goliath. Heut', fürcht' ich,
Geht's ihm nicht gut.
Elif. Es wäre Zeit.
Ludw. Du wünschest,
Daß er verliere? Ein so schöner Held!
So stark, so jung, so feiner Art, so traurig!
Mir ist er werth!
Elif. Er mag sich weiter umthun.
Es hieß zu Anfang, daß er eine Woche
Verweilen will — nun bleibt er . . .
Ludw. Wie ungastlich!
Das ist sonst nicht Elif'beth's Art. Ei, ei —
Man möchte glauben, Eure Majestät
Sei um die Damen ihres Hof's besorgt.
Maria! Sprich, scheint Dir der Mann gefährlich
Für uns're Fräulein?
Elif. Eine Braut zu fragen!
Ludw. Die Braut hat Augen — wenn auch keine Zunge.
So sprich! Find'st Du den fremden Ritter schön?
Maria. Ein Mann ist immer schön, so lang' er siegt.

Ludw. (lachend). Da haft Du Deinen Bräut'gam arg
gerichtet,
Der vor Treviso uns die Schlacht verlor.
Elif. Pfui, Maria, das war ein dumm' Geschwätz.
Ludw. Sie rechnet's ihm am End' zum Guten an.
Er ward besiegt, weil er die Braut im Kopf' hat.
Wie, Maria?
Maria. Wie man vernimmt, hat ihn
Der Bundesgenoss' im Stich gelassen.
Elif. Bravo.
Vertheidige ihn! Die Italiener sind
So unverläßlich . . .
Ludw. (scherzhaft drohend). Ei, Elisabeth!
Elif. (für sich). Das war recht dumm (laut.) Was hört man
von Apor?
Er ist nun frei. Wann kommt er?
Bubek. Gnäd'ge Frau,
Wofern er eilt, so müßt' er heute hier sein.
Ludw. Er blieb noch dort, den Friedensschluß zu fördern.
Bubek. Der Friede ist gemacht. Venetiens
Gesandter theilte mir die Punkte mit
Und einen höchst merkwürdigen Bericht
Wie des Carrara Sohn, der vielgerühmte
Francesco (Cecco kurz genannt) im Bußhemd
Vor der Signoria erschien, Verzeihung
Für seinen Vater flehend, der den Mord
An drei venet'schen Edlen hat geplant.
Es war ein jämmerlicher Anblick.
Ludw. Schweig'!
Dich freut's, weil Du den Feldzug widerrathen.
Die Polen sind am äußern Unglück schuld,
Weil sie im Innern unser Reich zerspalten.
Doch bringen wir's noch ein. Und wenn Du meinst,
Mir Apor zu verkleinern, irrst Du stark —
Im nächsten Feldzug macht er Alles gut.
Elif. Bravo! Maria, danke Deinem König.
(Da Maria verwirrt aufblickt.) Wo denkt sie hin?
Duczi (einspringend.) Der Kampf beginnt.
(Trompeten hinter der Scene.)
Ludw. (auf die Loge zugehend). Nun, wetten wir, der
Italiener siegt?

— 55 —

Elif. (im Gehen). Er ist ein Hexenmeister, doch kein Ritter.
Maria. Warum kein Ritter?
Elif. Weißt Du, wie er heißt?
Maria. (Sie sind in den Logen angekommen.) Wie sollt' ich
wissen, was der König nicht weiß?
Ludw. Ich will's erfahren, wenn er siegt.
Maria. Er siegt.
Elif. Wie weißt Du das?
Maria. Der Krainer ist zu plump.
Ludw. Sein Roß ist stark genug. Sieh', wie es springt!
Ich fürcht', es rennt durch bloße Wucht ihn um.
Das Zeichen. (Man hört drei Schläge.)
(Maria neigt sich vor, Duczi auf den Zehen hinter ihr.)
Duczi. Ha, der Wälsche fürchtet sich!
Maria (blickt strafend um). Duczi!
Duczi. Verzeiht!
Elif. Jawohl, er weicht ihm aus.
Ludw. Der erste Stoß.
Maria. Ah!
Bubek. Hat er ihn?
Duczi (sich wieder vorlehnend). Getroffen!
Ludw. Er wankt, doch fällt er nicht.
Duczi. Ha, um ein Haar.
Maria (ärgerlich). Duczi!
Duczi. Verzeiht! (Zieht sich zurück.)
Ludw. Sie reiten auseinander
Zum zweiten Stoß...
Maria. Nun der Krainer weicht aus.
Ludw. Ha, wie der Wälsche stößt!
Bubek. In's Leere.
Elif. Brav!
Der Krainer ist doch flink.
Duczi. Er siegt!
Maria (schlägt nach ihm mit dem Fächer). Duczi!
Duczi. Verzeiht! (Bei Seite.) Das ist die Art, wie sie sich
Luft macht.
Sie liebt den Wälschen (auf seine Wange zeigend). Hier ist's
Roth auf Weiß!
Ludw. Noch einmal! Diesmal kömmt's zum Austrag.
Elif. Ah!
Der Italiener ritt dem Andern unter
Der Achsel durch. Ist das erlaubt?

Maria. Gewiß!

Ludw. Sehr gut! Er sticht ihn seitwärts! Plumps! Da liegt
Der Krainer! (Zurufe.)

Duczi (wie oben). Ah!

Maria (ihm die Locken streichelnd). Duczi! Wie steht's, mein
Junge?
Hast Du's nur recht geseh'n?

Duczi. Ich dank' Euch, Herrin —
(ihre Hand küssend). Doch war's nicht Eure Schuld, wenn ich
geseh'n.

Ludw. (hinabrufend).
Man sende mir den Sieger her! (Zur Königin.)
Du sollst
Ihn mit der Schärpe schmücken.

Elis. Ich?

Ludw. Zum Dank
Soll er den Schleier lüften, der ihn einhüllt.

Elis. Gering're Ehre wär' ihm g'rad genug.
Doch geht er dann — so sei's.

Ludw. Du siehst dabei
Stets auf Maria ... fürchtest Du im Ernst?! ...
Hat Dich Dein Blick, da Du Apor und sie
Zusammensuchtest, doch etwa getäuscht?

Elis. Ich weiß, mein König ist dem Plan nicht gut.
Doch kannst Du mir für Apor steh'n, der Braut
Bin ich gewiß.

Ludw. Ich auch. Das Weib des Loth
Kann nicht mehr keuscher sein, seit sie zu Stein ward.
D'rum gönnst Du meinem Mann die Ehre nicht,
Daß ihm die Königin den Preis ertheile,
So laß' es die Steinheil'ge thun. (Er gibt die Schärpe Maria.)
Wollt Ihr
Den Sieger schmücken?

Maria. Wenn Ihr so befehlt.

Cecco kommt gerüstet, neigt die Kniee vor dem **Königspaare** und kniet,
da **Maria** sich ihm mit der Schärpe nähert, vor ihr nieder.

Kampfrichter, Ritter und **Damen.**

Ludw. (zu Maria). Noch nicht. Steh' auf, mein Sohn.
Zwei Monde sind's,

Daß wir Dich hier an unf'rem Hofe seh'n.
Du kamst als Spielmann, wie ein Vogel kommt.
Den Sänger fragt man nie: Woher? Wohin?
Dann zeigtest Du in allen Ritterkünsten,
Mit Pfeil und Speer, mit Schwert und Roß Dich Meister.
Was immer Du zu bergen haft, das Eine
Verriethst Du längst, daß Du von edlem Blut bist.
Nichts kann Dich zwingen, noch geheim zu thun,
Als daß vielleicht an Deinen Namen sich
Ein Flecken hängt, den Du verdecken willst.
Erleicht're Deine Seele. Sag', wer bist Du?
Wen nennst Du Vater und wo kommst Du her?

Cecco. O großer Ludwig, Du Gestirn der Zeit,
In welches Dunkel leuchten Deine Strahlen!
Nicht Schande, meines Unglücks Tiefe ist's,
Was mich in Dämmerung wandeln läßt. Ich bin
Geringer, als der Bettler, denn mir fehlt
Die Heimat. Aermer als die Waise, denn
Mein Vater lebt und ist mir doch gestorben.
Ich bin sein Erbe nicht und wollte ihm
Den Namen selbst nicht danken. Meine Wiege
Hab' ich zerbrochen. Die Heerstraße ist
Nun meine Wiege und des Glückes Mond,
Der über Wand'rern wechselt, ist mein Wappen.
Wend' Dich nicht ab! So wirren Unheils Stifter
War nicht die Schuld, das blinde Unglück war's,
Das aus den Wolken blitzt und ziellos trifft.
So schwer getroffen, schuldig ohne Fehl,
Verfluchte ich, was Glück uns gibt und nimmt.
Ist's mein Verdienst, daß mich die Mutter zeugte?
Hab' ich ein Recht auf meines Vaters Namen?
Ich will mich neu gebären, sagt' ich mir,
Mir selbst den Namen schaffen, der mich ziert
Und ich beschloß, mein eig'ner Sohn zu sein:
Niemand, wenn Nichts und Alles, wenn ich's werth bin.
So kam ich her. Was ich bin, magst Du kennen.
Und willst Du mich bei einem Namen nennen,
So frage nicht nach Vater mich und Land:
Ich will den Namen nur aus Deiner Hand.
Mein Weg geht vorwärts nur und nicht zurück,
Hier such' ich Alles: Leben, Ehr' und Glück!
(Er hat beim letzten Wort nach Maria gesehn, die ihre Rührung nicht be=
meistern kann und sich halb abwendet.)

Bubek (zu Maria). Der spricht, wie von der Kanzel. Wär's
ein Mönch gar?

Ludw. Ein düst'rer Sang aus jungem Mund. Ich höre
Die Melodie und fass' die Worte nicht.
Du setzt' Dein Leben auf des Glückes Würfel?
Leicht spielt der falsch, der Alles einsetzt, Kind.
Versteh' ich recht: Du schied'st im Zorn vom Vater?
Kann ich da segnen, wo der Nächste flucht?
Sprich nicht vom Unglück! Unser Unglück steckt
In unsern Kleidern! Sprich vom Fehler und
Vertrau' auf Gott und uns're Christenliebe.
Gestehe, wer Du bist und wie Du fehltest!
Ich seh', es kämpft in Dir. Heraus den Splitter,
Es blutet, doch es heilt!

Cecco. Mein gnäd'ger König —
Schwer wird das Wort, wenn man sich selbst verklagt,
Noch schwerer, wenn's der Vater mit bezichtigt.
Weiß ich, daß mein Geheimniß Dir bewahrt bleibt,
Ich künde gern, was sonst mir Schande bringt.

Ludw. So folge mir! (Er führt ihn abseits in's Zelt.)

Elis. (zu Maria). Unheimlich scheint der Mann.

Maria. Unglücklich scheint er mir — erschrecklich nicht.
(Sie sieht nach dem Zelt, aus dem der König tritt.)
Mein Gott!

Elis. Was ist's?

Maria. Der König zürnt!

Ludw. Genug!
Ich dank Euch. Euer Märchen ist zwar schlecht,
Doch habt Ihr's gut erzählt. Nun aber packt Euch!

Cecco. Mein König!

Ludw. Dein? — Dank Gott, verdammter Bube,
Daß ich's nicht bin — Du sollt'st die Peitsche kennen.

Cecco. Ein Bube? Ich — des Fürsten —

Ludw. (dazwischen). Schweig! Doch nein!
Ich will Dir zeigen, nicht, daß Du gelogen,
Doch wie Du dumm gelogen. — Kanzler, hört!

Bubek. Mein König!

Ludw. Was ist Euch bekannt von Cecco,
Dem Sohn Carrara's?

Bubek. 's ist ein wack'rer Held,
Der bei Piave die Veneter schlug.

Ludw. Nicht davon red' ich. Wo war Cecco neulich —
Vor vierzehn Tagen etwa?

Bubek. In Venedig.

Ludw. War dies geheim?

Bubek. Nein, offenkundig war's!
Er ist vor'm Rath der Republik erschienen.

Ludw. Vor vierzehn Tagen. — Und wie lange weilt
Der Gaukler hier an uns'rem Hof?

Cecco. Mein König!

Bubek. Zwei Monde.

Ludw. (zu Cecco). Nun, Du mußt was Neu's erdichten.
Denkt, Herr, der Mann sang mir ein Lied: er wäre
Cecco Carrara, Padua's Prinz!

Maria (bei Seite). Ein Lügner!!

Cecco. Hör' mich! So wahr Du König bist, ich bin
Der Sohn Carrara's!

Bubek. Hat Dein Vater etwa
Zwei Söhne?

Cecco. Nein.

Bubek. Dann lügst Du, denn hier hab' ich's
Geschrieben, daß Carrara's Sohn geseh'n ward
Vor der Signoria.

Cecco. So war's dort Betrug.
Ich bin Carrara's Sohn.

Ludw. Genug. Du wirst
Einfältig, Freund. Wir lieben manchmal Späße,
Doch bess're. Wie, dort wär's Betrug? Und hier
Weilt Padua's wahrer Prinz? Führt ihn hinweg,
Bevor er unsern Zorn reizt.

Bubek (will an ihn). Freundchen, fort!

Cecco (vor Maria). Sprich Du! In Deiner Hand seh' ich
den Preis,
Der meiner Ritterkraft bestimmt war! Sprich,
Du Einzige: so hältst Du mich für ehrlos?

Maria. Der König ist der Ehre Richter hier.
Er urtheilt nicht im Zorn und nicht im Haß.

Ludw. Da hat sie recht. Hör' mich. Du hast den König
Genarrt, mit Rittern Dich geschlagen, Damen
Hofirt und bist ein Gaukler: Du verdienst,
Daß man Dich rädert. — Doch, weil ich der Narr war,

Deff' Gunſt Dich noch am kühnſten machte, alſo
Verzeih' ich Dir und jag' Dich fort!
  Cecco.   Ich will nicht
Verzeihung! Ich will ehrliches Gericht!
  Ludw. Für ein Gericht gibt's dabei nichts zu thun.
Du biſt ein Fremder. Such' Dir Deinen Weg.
Wer Dich nach Mitternacht am Hofe findet,
Mag Dich erſchlagen — Du biſt vogelfrei.
Wenn Dir Dein Leben lieb iſt, geh'!
  Cecco.   Mein Leben!
Mir lieb!
  Maria (leiſe). Geh'!
  Eliſ.   Komm', Maria! Kommt, mein König.
Nun, ſagt ich's nicht?
  Ludw.   Du haſt mich ſchwer beſchämt.
Alle bis auf Cecco gehen ab. Maria läßt im Vorbeigehen die Schärpe
vor ihm fallen.
  Bubek (im Abgehen). Was ſoll das heißen? Bläſt der
            Wind ſo ſtark,
Daß ſie die Schärpe nicht... Wir wollen ſeh'n,
Woher er weht! (Ab.)
  Cecco.   Nacht vor mir, hinter mir!
Und ſoll ich kämpfen nun um jenen Namen,
Den ich verworfen? Ja, ich kämpfe noch!
Sie rieth mir, fortzugeh'n! Sie ließ — bei Gott! —
Sie ließ die Schärpe hier — ein Pfand, ein Zeichen —

     Duczi und Maria kommen.

  Duczi (von Außen). Dort ſeh' ich ſie!
  Maria (eintretend). Ihr ſeid noch hier... Ich wollte ——
  Duczi (die Schärpe aufhebend). Hier iſt ſie, Herrin.
  Cecco (ſchmerzlich).   Alſo Irrthum?
  Duczi.   Ei!
Was dacht' er ſonſt?
  Cecco.   Hab' ich mir dieſen Schmuck
Nicht gut erkämpft! Hältſt Du mich ſein nicht werth?
  Maria. B:halt' ihn denn. (Sie wirft ihm die Schärpe zu.)
      Der Geber macht's nicht aus.
Der Träger macht ihn würdig. Fahre wohl!
  Cecco. Und ſoll ich geh'n, eh' Du mich würdig weißt,
Die Eine, deren Gunſt mir Alles aufwiegt?
Hör' mich, Maria von Drugeth...

Maria.   Genug.
Es ziemt sich nicht, daß Du mir weiter sprichst.
Verlasse mich, verlasse diesen Hof.
Cecco. Du schneidest mir das Wort ab?
Maria.   Duczi, geh' —
Geleite diesen Mann und melde, was
Er sagen muß und ich nicht hören will.
(Cecco will ihr die Schärpe zurückgeben — sie weist sie still ab. Er geht
mit Duczi ab, indem er die Schärpe an den Mund drückt.)
Ich wüßte gerne, wer er ist. Die Neugier
Ist kein Verbrechen. Gleichviel. Besser wär's,
Apor wär' hier. Die Frau'n beneiden mich,
Daß ich des besten Mannes Braut. Und ich —
Genieße ich ein Glück, deff' ich nicht werth bin,
Weil ich es nicht versteh'? Versteh ich's nicht,
Weil's über mein Verdienst geht? Besser's Gott!
Doch wart' ich ungeduldig meines Pagen,
Weil er Befriedigung meiner Neugier bringt,
Und mit Geduld harr' ich des Bräutigams.
Es ist doch eigen — eigen! (Sie versinkt in Brüten.)

Servaz, Katharina (im Mantel), **Selma** kommen.

Serv.   Das ist sie!
Kath. Stör' sie nicht auf! Laß' mich sie anseh'n. O
Sie ist zu schön! Was hast Du mir gelogen!
Und sie kann lieben! Dieses Auge liebt.
Zurück! Ich mag's nicht. Sie ist mir zu stark.
Serv. (sie festhaltend). Dazu ist immer Zeit.
Selma.   Wir sind nun da,
Das muß doch wohl zu etwas führen?
Serv.   Bravo!
Ich will die Säule hier ansprechen.
(Er tritt mit einem Bückling vor Maria.)
                    Herrin!
Kath. Im Grunde blickt sie hart.
Maria.   Was! Bist Du nicht
Des Wojwoden Knappe?
Serv.   Zu Befehl.
Kath. Sie freut sich.
Maria.   Und er selbst?
Kath.   Doch nicht zu stark.

Serv. Ist er nicht hier, so muß er bald mir folgen.
Er reist um Görz.

Maria. Er weilet lang', Dein Herr.

Serv. Geschlag'ne Feldherrn eilen nicht zu Hof.

Maria. Du lügst. Dein Herr ward nicht vom Feind
                                   geschlagen.
Verrath war Schuld. Du bist nicht werth, sein Schildknecht
Zu sein.

Serv. Verzeiht.

Kath.   Sie liebt ihn.

Maria.   Wer sind die?

Serv. Gefang'ne meines Herrn.

Maria.   Wie das?

Serv.   Apor
Weiß zu erobern, wenn er auch nicht siegt.
Der Jüngling hier aus edelstem Geschlecht
Von Padua, hat sich hieher gewünscht
Und der Wojwode schickt ihn Dir zum Dienst,
Mit diesem Brief. (Er übergibt den Brief.)

Maria (das Siegel öffnend). Ich bin nicht so gelehrt
Wie uns're Königin.

Kath.   Sie kann nicht lesen!

Serv. Ich lese ihn, wenn Eure Gnaden will. (Er liest.)
„Meine Braut, schöne Maria, Herrin meines Lebens!
Mein Bote eilt, ich kann mein Schreiben eilig schließen.
Ich lebe und bin wohl. Ich lebe nur Dir und bin ganz
Dein. Vertraue meiner Treue, übersieh' meine Fehler und
glaube, daß ich kein Verlangen und keine Hoffnung mehr
kenne, als Dir zu dienen. Dein Bräutigam und Getreuer,
Stefan Apor von Laczfi."

Kath. Und sie zerfließt nicht?

Maria.   Von dem Pagen steht
Nichts in dem Brief?

Serv.   Es ging wohl nichts hinein.
Er ist ein Brief für sich und sagt wohl Alles,
Was der verschwieg.

Kath. (verneigt sich und wendet sich in Verwirrung ab).

Maria (wendet sich, um ihr Gesicht zu sehen). Ein hübscher
                        Brief, doch scheint
Die Handschrift schwer zu lesen. Was verbirgst Du?

Kath. An Deinen Glanz muß ich mich erst gewöhnen.

Maria Dein Wort ist freundlich, Deine Haltung nicht.
Birgt dieser Mantel einen Dolch? Laß' seh'n?
Kamst Du nicht gern?

Kath. (den Mantel abwerfend, in reichem Pagenkleide, wirft sich
auf die Knie und küßt ihre Hand). Ich kam so gern. Ich fürchte,
Ich lasse hier mein Glück, sobald ich geh'!

Maria. Steh' auf, mein Kind. Und diese? Wer ist sie?

Serv. Sein Camerad ...

Maria.   Was?

Serv.   Seiner Amme Kind.
Sie wuchsen miteinander auf. Doch hier
Nehm' ich sie auf mich, wenn Ihr's so erlaubt.

Maria. Es ziemt nicht ganz, doch besser Dir, als ihm.

(Servaz und Selma ab.)

Wie nennst Du Dich?

Kath.   Rodolfo.

Maria.   Folge mir.
Der zweite Brief gefällt mir. Deine Augen
Sind mir bekannt — und doch wie ein Geheimniß.
Ein italienischer Page ist ein Schatz.
Man sagt, Ihr wißt Geheimes wohl zu hüten?
(Wo bleibt Duczi?)

Kath. Ihr könnt' nicht leicht so viel
Geheimes mir vertrau'n, als ich bewahre.
Ihr seht mir nicht nach viel Geheimniß aus.

Maria. Ei und warum? Ich bin ein Weib.
                    So komm'!
Du bist aus Padua. Kennst Du den Sohn
Des Fürsten — Cecco?

Kath.   Ob ich Cecco kenne?

Maria. Du kennst ihn? Ja, Du kennst ihn.
                    Komm', Rodolfo.
Wir sprechen d'rüber — doch nicht hier. Nicht hier.

Kath. Sie fragt nach Cecco ... Was ist Cecco ihr?
Und ein Geheimniß! Hoffnung, leuchte mir!
(Beide ab.)

Der Vorhang fällt.

Fünfter Act.

Vorsaal zu Maria's Gemächern. Eine Thür führt in ihr Schlafzimmer,
eine andere in das Pagenzimmer. Den Hintergrund bildet der Garten,
zu dem eine Veranda mit Säulen hinabführt. Es dunkelt.

Maria, Katharina kommen.

Maria. Also, der Fürst hat nur den Einen Sohn?

Kath. Nur Einen.

Maria. Und dann kann es der nicht sein.
Wo Duczi bleibt?

Kath. Seid nicht so traurig, Herrin.
Was liegt Euch d'ran, ob dieser Cecco heißt,
Ob Florio, Pietro oder Paolo?
Er geht und Euer Bräutigam kommt.

Maria. Jawohl!
Doch wär's mir lieber, wäre er im Recht.
Er scheint vornehmer Art.

Kath. Könnt' ich ihn nur
Ein Weilchen sprechen! Ist's ein Paduaner,
Muß ich ihn kennen.

Maria. Such' ihn auf.

Kath. Ja, wo?

Maria. Duczi wird's wissen.

Kath. Euer Page?

Maria. Ja!
Wo er nur bleibt! . . . Ah! (Sie setzt sich ungeduldig nieder.)

Kath. (sich zu ihren Füßen setzend). Wird die Zeit Euch lang',
Ich kann sie kürzen.

Maria. Weißt Du Märchen?

Kath. Viele.
Auch manch' ein Lied.

Maria. Laß' hören denn.

Kath. 's ist kurz.

> Weh' ist dem Weib, das Keinem Liebe spendet.
> Anbetung heischend, strahlt sie, gleich dem Götzen,
> Kann nie an Duft und Liedern sich ergötzen,
> Die, tief bewegt, ihre heiß Andacht sendet.

Weh' ift dem Weib, das Liebe ftumm verfchwendet,
Deff' Augen nur verborg'ne Thränen netzen.
Die wunde Taube muß fich feitwärts fetzen,
Vom Jäger unbemerkt, durch den fie endet.

Doch dreifach wehe ihr, die Pflicht verbindet,
Zu zeigen Liebe, wo fie nicht empfindet,
Zu fchweigen Liebe, wo ein Wort — Verbrechen.

Herz muß und Eid in ihr fich widerfprechen,
Das Herz den Eid, der Eid das Herz ihr brechen,
Daß keufch fie fehlt und Pein in Lüften findet.

Gefällt's Euch?

Maria.   Sag' das Letzte noch einmal.

Kath. Herz muß und Eid in ihr fich widerfprechen.
Das Herz den Eid, der Eid das Herz ihr brechen,
Daß keufch fie fehlt und Pein in Lüften findet.

Maria. In Lüften Pein ... Was Luft ift, wenn man liebt,
Ift Pein, wo man nicht liebt. Ja, das verfteh' ich.
So ift's. — Nein, fo ift's nicht. Ift denn der Menfch
Zu Luft geboren?

Kath.   Jeder ftrebt nach Luft.

Maria. Nicht Jedem wird fie. Einem aber ftrebt
Die Seele nach, was fie erreichen kann,
Wenn fie nur will.

Kath.   Was wäre das?

Maria.   Die Ehre.

Kath. (bei Seite). Sie liebt den Andern — doch ftirbt fie, eh'
                    fie's fagt.

Duczi kommt.

Maria. Nun, endlich!

Duczi.   Ja, ich mußte weit hinaus,
Damit man uns nicht hier beifammen fehe.

Maria. Was fagt er?

Duczi (auf Katharina blickend). Herrin — fpäter.

Maria.   G'rade jetzt.

Duczi. Wer ift der Frembling?

Maria.   's ift ein neuer Page,
Den mir Apor gefchickt.

Duczi.   Ein neuer Page?
Dann kann der alte geh'n. (Er will fort.)

5

Maria (ihn beim Ohr fassend, als ob sie ihn schlagen wollte).
Duczi! Duczi!

Duczi (trotzig). Ich heiße Gyula*) von Monoßlai,
Mich darf kein König schlagen.

Maria.   Gyula heißt Du?
Was, Gyula? Du willst Gyula heißen? Du?
Du Dingsda! Du mit dem Gesicht? Du Püppchen!
Du Kügelchen aus Brosamen der Schöpfung,
Du Tropf, Du Tröpfchen Du! Du Haselnuß!
Dein Vater nannte Dich Gyussi**), die Mutter
Nur Gyussika, die Würde eines Duczi
Dankst Du erst mir — und willst schon Gyula heißen?
Das fehlte mir! Und selbst der König darf Dich
Nicht schlagen? Ei, ich schlage doch! (Sie tätschelt ihn auf die Wange.)
Ei, sieh'!
Er duldet's! Nun? Darf ich noch Duczi sagen?

Duczi (ihre Hand küssend).
Sagt Daumenhans, sagt Narr, sagt wie Ihr wollt!
(Wenn mich die Hand berührt — es macht mich fiebern.)

Maria. So sei dem neuen Pagen Freund — und sprich!

Duczi (Katharinen die Hand gebend).
Ich will's, so gut ich kann — (bei Seite) doch traut ihm nicht,
Schickt ihn Apor, so ist es ein Spion!

Maria. Du bist ein Narr! Was Maria beginnt,
Darf Jeder seh'n, am meisten Apor's Freund.
Sprich nun! Was hatte Dir der Mann zu sagen?

Duczi. Es kränkt ihn wenig, daß der König ihn
Für schuldig hält — Die Folge werde lehren,
Daß er des Fürsten von Carrara Sohn . . .

Maria. So geht er fort?

Duczi.   Doch wenn er auch dem König
Zeit lasse, zu bereu'n, so müss' er Euch
Noch heut' beweisen, daß er Prinz und Ritter . . .

Maria. Warum just mir? Und warum heut'?

Duczi.   Er weiß,
Daß Graf Apor zurückkommt. Heute Nacht
Will er Dich sprechen und Dich überzeugen.
Er kommt hieher!

Maria.   Das kann nicht sein!

Kath. (bei Seite). Hieher!

—————————

*) Sprich: Djula. — **) Sprich: Djussi.

Duczi. So sagt ich auch. Doch er rief aus:
Grab', weil's nicht sein kann, will ich's thun. Ich lege
Mein Leben in Maria's Hand. Von ihr
Allein hat dieses Leben Werth. Wenn sie mich
Dem Henker liefert, dann verlier' ich nichts.
Doch kann sie's nicht, dann weiß ich, was das Leben
Für mich bedeutet und ich werd's erhalten.
    Maria. So komm' er. Legt er in die eine Schale
Sein Leben, in die andere meine Ehre,
So wiegt sein Leben leicht. (Zu Duczi.) Ich geh' zur Ruh'.
Laßt Niemand ein! Doch nein, Ihr seid zu schwach.
Ruf' mir zwei Wachen.
    Kath.   O, um Himmelswillen!
Ihr tödtet ihn! Er ist ja vogelfrei!
    Maria. Beweinst Du ihn, so such' ihn zu bewahren.
Nun, gute Nacht. (Im Abgehen bei Seite.)
              Still, Herz, das für ihn spricht!
Mich rührt sein Leid, sein Trotz bezwingt mich nicht! (Ab.)
    Kath. Von welcher Seite kommt er?
    Duczi.   Dort, von oben.
Doch Du erkennst ihn nicht.
    Kath.   Geleite mich.
    Duczi. Das laff' ich bleiben. Ich muß Wache halten,
Bis ich die Lanzenknechte holen kann.
    Kath. So eil' ich. (Ab.)
    Duczi.   Wie der Bursche zittert! Und
Das will ein Page sein! Was thu' ich nun?
Hol' ich die Wachen, bleibt die Thür hier frei.
Ich warte, bis Der wieder kommt. — Maria!
Du hartes Herz, wer sieht in Deine Tiefen?
Ich glaubte, daß sie Apor nicht mehr liebe,
Nun opfert sie ein Leben für ihn hin.
Ich meinte, daß der Welsche sie gerührt,
Sie legt ihm Fallen und sagt: Gute Nacht!
Wen liebt sie? Niemand. Oder mich? — Warum
Nicht mich? Wie hat sie mich gestreichelt! Will sie
Mich erst erhören, wenn sie — o, sie weiß,
Wie ich sie liebe, fiebernd, kalt und heiß!
Und doch, vor lauter Gier und Herzepochen
Hab' ich geschwiegen! Hätt' ich nur gesprochen!

5*

Von Allem, was in diesem Busen glüht,
Kam nichts zu Tag, als ach! ein armes Lied!

(Er singt.)

Es zittert der Nachen — die Woge ist kraus.
O Page, mein Page — o wär'n wir zuhaus.
Die Königstochter den Pagen bestürmt,
Der rudert in's Weite, wo's grauser sich thürmt.

So hör' mich, Prinzessin, Du Königsbraut,
Du wirst auf der Donau mir angetraut.
Ich lieb' Dich seit Langem, Du weißt es gut,
Nun küsse mich, eh' uns begräbt die Fluth.

Still, stille, mein Page! O rühre Dich nicht!
Der Nachen schlägt um! Das Steuer zerbricht!
Ich hab' Dich ja lieb! O bring' mich an's Land,
Dort küss' ich Dir Wangen und Lippen und Hand.

Ich will nicht an's Ufer! Ich will Dich nicht dort!
Falsch sind Deine Küsse und falsch ist Dein Wort.
Ich küss' Dich nicht zweimal. Ich hab' Dich erprobt!
Was hast Du Dich einem Andern verlobt?

Er küßt sie gewaltig, er küßt sie in Wuth,
Der Nachen schlägt um, es begräbt sie die Fluth.
Und wie man sie findet, im Tode gepaart,
Zerrauft sich der König den schneeweißen Bart.

Apor ist indessen in der Kleidung eines Lanzknechtes eingetreten.

Apor. Ein hübsches Lied, Duczi, doch nicht zum
Schlummer.

Duczi. Apor! In solchem Kleid!

Apor.
Schläft meine Braut?
Ich seh' den König erst am Morgen. Heute
Möcht' ich — das bleibt geheim! — Die Gräfin seh'n.

Duczi. Das wird nicht angeh'n...

Apor.
Melde ihr...

Duczi.
Ich darf
Ihr Niemand melden. Wachen soll ich rufen
Vor diese Thür.

Apor. Man fürchtet sie? Doch mich nicht?

Duczi. Ich darf — ich will nichts sagen.

Fragt Rodolfo!

Fragt Euren Pagen, den Ihr selbst geschickt.
Der mag Euch Späherdienste thun, ich nicht.

Apor. Was fabelst Du? Ich einen Pagen?

Duczi. Ja,
Rodolfo.

Apor. Ich versteh' kein Wort.

Duczi. Ihr wißt nichts
Vom Wälschen? Ist denn alles Wälsche falsch?
Der Knabe, wie der Ritter?

Apor. Was für Ritter?

Duczi. Das wißt Ihr auch nicht? Einer, der hier focht
Und Alle schlug und sich für den Carrara,
Den Prinzen ausgab — doch der König glaubt's nicht.

Apor. Was? Cecco? Cecco wäre hier?

Duczi. Er will —
(Ja, warum nicht? Ist's ja zu ihrem Schutz?)
Er ist vom Hof verwiesen als ein Gaukler
Und will sich Deiner Frau zu Füßen werfen,
Daß sie beim König Fürsprach thu'. — Der Freche.

Apor. Und hier — des Nachts?

Duczi. Er ist ja vogelfrei!
Wer ihn nach Mitnacht antrifft, darf ihn tödten.

Apor. Und meine Braut empfängt ihn?

Duczi. Nein, sie will's nicht,
D'rum eben soll ich Wachen rufen. — Herr —
Wollt Ihr den Platz hier hüten, bis ich —

Apor. Nein!
Ich rufe selbst die Wachen. Bleibe nur!
(Bei Seite.) Sollt' ich betrogen sein, weil ich zu treu war?
Ich hätte meines Herzens schönsten Wunsch
Erwürgt, um hier verlacht zu werden? — Sie
Ist mir verloren; nun Maria auch?
Ich glaub' es nicht. Zu stolz ist diese — und
Zu klar hat sie gezeigt, wie sie mich liebt.
Doch will ich seh'n und meinem Aug' nur trau'n.
(Zu Duczi.) Sag' Du kein Wort, daß Du mich hier geseh'n,
Die Wachen schick' ich gleich. — Doch sage nichts! (Ab.)

Duczi. Verrath! Verrath! Italien'sche Ränke!
Der Page ist nicht von Apor — so kommt er
Vom wälschen Ritter. Ah, da ist der Wicht.

Kath. (außer Athem). Ich find' ihn nicht! Mein Gott!
Ich find' ihn nicht.

War er vielleicht schon hier?

Duczi. Wer?

Kath. Cecco!

Duczi. Ah!
Du weißt gar seinen Namen? Nun, da weißt Du
Mehr als der König.

Kath. (erschrocken). Seinen Namen? Sagt' ich
Den Namen?

Duczi. Ja! Und weißt Du Deinen Namen,
Mein süßer Page?

Kath. Duczi — suchst Du Streit
Mit einem — Fremden?

Duczi. Nein, ich suche nur
Was für 'ne Frucht in dieser Schale steckt.
(Er zieht.) Heraus Dein Schwert! Wenn's nicht, wie Du,
blos Hülse ist!

Kath. (zitternd). Duczi! Duczi!

Duczi. Schäm' Dich. Bist Du ein Mann?
Setz' Dich zur Wehr!

Kath. (zieht). Duczi!

Duczi. So stoße! Schlage!
Ziel' hier auf's Herz! So! (Er parirt.) Wehr' Dich doch!
(Er schlägt und trifft ihre Hand.)

Kath. (läßt das Schwert fallen und fällt in Ohnmacht.) O weh'!

Duczi (dumpf). Todt! Ha! Mein erster Strauß! — He,
guter Freund!
Stirb nicht, eh' Du gestanden hast. Wer bist Du?
Er schweigt. Wo ist die Wunde? Hier — ein Riß
Am Wamms. Wir wollen seh'n. (Er öffnet das Wamms.) Was
ist das? Ha!
Mich schauert! Eine Frau! Wie marmorweiß!
Und ich hab' sie getödtet! Schlägt ihr Herz?
(Er legt das Ohr an ihre Brust.)
Es schlägt!

Kath. (erwachend). Wo bin ich? (Sie verhüllt sich.) Ha!
(Sie gibt ihm einen Backenstreich.)

Du Unverschämter!

Duczi. Todt ist sie nicht! Ich finde, lieber Schatz,
Ihr führt die Finger besser, als den Degen.

Doch darf ein Edelmann den Schimpf nicht dulden,
Wär's auch von zarter Hand. Ihr zahlt mir das!
Kath. Du hast's verdient.
Duczi. Ich will noch mehr verdienen.
Ihr seid ein wandelndes Geheimniß — soll ich
Der Herrin künden, wer der Page ist?
Kath. Nein!
Duczi. Gut, so nehmt den Schimpf von meiner Wange.
Kath. Wie das?
Duczi. Mit einem Kuß!
Kath. Es sei, Du Narr!
(Sie küßt ihn auf die Wange.)
Duczi. Ah — das war gut! Das brennt und kühlt zugleich.
Wie schön sie ist! — Nun schließ' mir auch den Mund,
Sonst muß ich's aller Welt verkünden!
Kath. Still doch!
Duczi. O drück' mir auf die prahlerischen Lippen
Das heiße Siegel! Küß' mich auf den Mund!
So lange schmacht' ich — Ach, es ist ein Stolz,
Ein Mann zu sein! O küsse mich!
Kath. So sei's;
Doch hilfst Du mir, den — fremden Mann zu retten.
Duczi. Ich thu's — ich schwör's als Edelmann. Er ist
In größerer Gefahr, als Du es denkst.
Apor ist hier, Maria's Bräutigam —
Du wankst? — ja, wenn ihn Apor hier betrifft,
Er tödtet ihn mit Einem Streich.
Kath. Apor!
Apor ist hier! Fort! Laß' mich fort!
Duczi. Was hast Du?
Kath. (bei Seite). (Verloren er! Verloren ich! Sie liebt ihn —
Mit Schande zieh' ich heim, wenn er mich sieht.
So will ich Cecco retten!) Duczi — hör' mich!
Kannst Du zum König mich geleiten?
Duczi. Jetzt?
Um diese Zeit, da Alles schläft?
Kath. Ich muß!
Er muß mich hören, ehe Cecco kommt!
Ich thue Alles, was Du willst. (Sie küßt ihn auf den Mund.)
Duczi. O Gott, o Gott!
Ich führe Dich — und wär' es durch die Hölle!

Kath. So komm'!

Maria (innen). Duczi!

Duczi. Sie ruft!

Kath. (ihn fassend). Mit mir!

Duczi. Ich muß!

(Beide ab.)

Maria (kommt). Ich finde keine Ruh'! Ich soll sein Tod sein!
Das ist nicht recht. Das fordert Treue nicht!
Er ist so jung — so schön — so tapfer — und er liebt mich!
Duczi! — Er holt die Wachen! — Käm' er jetzt!
Ich würd' ihn retten und — ihn nie mehr seh'n.

(Sie geht nach dem Hintergrund.)

Ich sehe nichts. — Dort raschelt's in dem Busch!
Ein Mann! Er ist's! (Sie geht erschrocken nach vorne.)

Cecco kommt und wirft sich ihr zu Füßen.

Hinweg! Du bist verloren!
Die Wachen sind gerufen!

Cecco. Höre mich!

Apor und Servaz als Lanzknechte erscheinen und stellen sich je hinter
eine Säule, die sie verdeckt.

Du mußt mich hören und ich weiß, Du willst!
Hielt'st Du mich nicht für edel, wär' ich Dir
Im Herzen fremd, Du lebtest nicht für mich.
Ich liebe Dich — wie sollt' ich nicht erkennen,
Daß Du mich liebst? Man sagt, Du sei'st von Stein —
Ich weiß, daß in dem Stein ein Funke ruht,
Und pochen will ich, daß die Funken stieben.
Mein Leben setz' ich ein — Du mußt mich lieben!

(Er faßt ihre Hand.)

Maria (sich losreißend).
Ist's so gemeint? Gewalt? Ich muß? — So recht!
Sprich weiter so. Der König hatte recht.
Ein Ritter, Du? So spricht der Wegelag'rer,
Der seinen Dolch an nackte Opfer setzt.
Nur weiter so. Ich bin allein — ein Weib.
Doch fürchte ich Dich nicht. Ein Ritter, Du?

Cecco. Ich bin's, so gut, wie Einer hier am Hof.
So gut, wie Der, dem Du als Weib bestimmt bist.
Und lieb' Dich mehr, als er!

Maria. Ich rathe Dir,
Erwähne diesen nicht! Wär' er jetzt hier,
Dein Zittern würde Dich belehren, daß
Du ihn nicht nennen darfst. Apor und — Du!

Cecco. Beneiden darf ich ihn — ich fürcht' ihn nicht.
Er mag ein Held sein — doch er ließ sich schlagen.

{**Apor** (bei Seite). Doch schlag' ich Dich.
{**Maria.** Durch Deine Schuld.

Cecco. Er mag Dich lieben — doch nicht so, wie ich —
Ich hört' ihn nennen und man lachte Dein!
Er liebe Dich mit einem Rest von Liebe,
Den er von hundert andern aufgespart.
Er nahm Dich, weil Du ihn gezwungen. Ja —
Dein Zorn bestätigt's — und er schwor Dir zu,
Du solltest seine letzte Liebe sein.
Bist Du es auch? Er schwor's, der viel geschworen!
Ich aber habe nie ein Weib geliebt,
Als Dich. Ich komme zu Dir ungezwungen,
Da Alles mich von Dir zu eilen zwingt.
Ich setz' mein Leben ein um einen Blick
Aus diesen Augen — bringe Dir ein Herz,
So unberührt, wie Schnee am früh'sten Morgen,
Und für den Ungeliebten willst Du mich verderben?

Apor. Ich muß ihn zücht'gen —

Serv. (ihn zurückhaltend). Hört erst, was sie sagt.

Maria. Den Ungeliebten? Sag' auch das! Du kennst
Maria so, wie Du Apor erkannt.
Sein Rest von Liebe wiegt die Deine auf,
Wie einer Königskrone letzte Perle
Die volle Truhe eines Krämers aufwiegt.
Gezwungen, sagst Du, freite er um mich?
Es mag so sein, doch was ihn zwang, war edel,
Es lag in ihm, nicht außer seiner Brust.
Und daß ich seine letzte Liebe bin, das weiß ich
So sicher, wie daß ich ihm treu verbleib'.

Cecco. Und bist Du deff' so sicher? Weißt Du auch
Dein Blut zu meistern, wie Dein Wort? Hast Du
Das lechzende Verlangen einer Brust,
Die Dich begehrt, an Deiner je gefühlt?
Gäb' Treue Glück, hätt' ich Dich froh gesehen!

O, lüg' nicht der Natur in's Angesicht!
Ich habe Dich als kalte Braut erkannt,
Um meinen Sieg Dich bangen seh'n. Dein Stolz
Spricht gegen mich und nicht Dein fühlend Herz.
Ich bin kein Gaukler und Du darfst mich lieben
Mit größerem Stolz, als Du Apor verehrst.
  Maria. Du magst ein Fürst sein, doch Du denkst
           nicht edel.
Begreife mich: wär' Alles, wie Du meinst,
Ich würde Dir nicht weichen. Lehnt mein Herz
Sich gegen meine Ehre auf, so reiß ich's
Mit diesen Händen aus. So ist Apor,
So gab er sich mir, so geb' ich mich ihm.
  Cecco (flehend). Maria!
  Maria.   Geh!
  Cecco (entschlossen).   Leb' wohl!
  Maria.   Wo gehst Du hin?
  Cecco (sein Schwert in den Garten werfend).
     Dem ersten Mann entgegen, der mich mordet.
  Maria. Das — wollt' ich nicht.
  Cecco.   Du thust es und nicht ich.
Leb' wohl Maria.
  (Er geht rasch. Apor und Servaz kreuzen die Hellebarde.)
  Apor. Halt!
  Maria.   Er ist verloren!
Durch mich verloren!
  Cecco.   Eine Falle! ... Sieh,
Das war nicht nöthig. Doch Du hast's erreicht!
Ich glaube nicht mehr, daß Du Cecco liebst.
So führt mich fort!
  Maria. Ich hätte Dich verrathen!
Dich in den Tod gelockt! Das glaubst Du nicht!
  Cecco. Ich hätt' es nie geglaubt — Du lehrtest mich
Das Schlimmste fassen. Kaltes, schönes Weib —
Lüg' nicht Verzweiflung — Du willst meinen Tod,
Du sollst ihn seh'n!
(Er zieht seinen Dolch — Apor entwindet ihm die Waffe. Draußen
    Fackelschein und Stimmen.)
  Maria. Man kommt! Man findet ihn!
(Zu Apor). O, rettet, rettet!
  Cecco.   Wie? Du sprichst für mich?

Maria (die Thür öffnend). In dieses Zimmer!
Cecco (freudig).   Ha! Ihr Schlafgemach!
Maria (zu Apor). Du, Wache, komm' mit mir. Bewache ihn.
Gefangen ist er, doch er soll nicht sterben.
     Apor (bei Seite). Ein wunderbares Weib! In solcher
                                        Drangsale
Denkt sie an Sitte noch! Ein fürstlich Weib!
          (Maria, Cecco, Apor ab in Maria's Zimmer.)
     Serv. Die Stunde, fürcht' ich, bindet statt zu lösen!
Die Königin — Bubek! Die wart' ich ab!
          (Er verschwindet seitwärts im Hintergrunde.)
     Elisabeth, Bubek, zwei Fackelträger, die stehen bleiben.

Elis. Die Klag' ist furchtbar ernst. Erhebt sie nicht,
Wenn Ihr noch zweifelt!
     Bubek. Meine Späher sahen,
Wie er hieher kam.
     Elis.   Nein, es kann nicht sein!
Maria, aller Ehren Spiegel!
     Bubek.   Majestät!
Ihr dürft nicht hart sein. Apor liebt sie nicht,
Und sie nicht ihn.
     Elis.   Das lügst Du!
     Bubek.   Früchte lehren
Des Baumes Art. Ihr habt den Baum gepflanzt.
O hättet Ihr auf meinen Wunsch gehört!
     Elis. Dich treibt die Rache!
     Bubek.   Oder gar die Hoffnung.
Ich halte sie für schwach, doch nicht für schuldig.
     Elis. Es kann nicht sein... Ich überleb' die Schmach nicht.
Der König würde mich zerschmettern, oder gar —
Was schlimmer ist — verhöhnen!
     Bubek.   Seht doch nach!
     Elis. Sie überfallen — nein! Ich rufe sie.
Maria!
     Maria. Majestät!
     Elis.   Es kann nicht sein!
Ich müßte sie zermalmen.
     Maria.   Majestät!
     Elis. Was ich hier suche, meinst Du, in der Nacht?
Der Kanzler hier behauptet, ein Verbrecher
Hab' sich zu Dir geflüchtet.

Maria. Mag er suchen.

Bubek (hat im Pagenzimmer gesucht).

Hier ist er nicht. Er mag bei Euch versteckt sein ...

(Er will in ihr Gemach.)

Maria. Dies ist mein Schlafgemach.

Elis. Ich weiß, Maria.

Schwörst Du, daß Niemand d'rin?

Maria (kämpfend, dann entschlossen). Mein Eid wär' falsch.

Elis. Maria! (Zu Bubek.) Geht hinein! (Bubek ab.) Maria,

lebst Du

Mir so zur Schande?

Maria. Königin, ich bin

Die Braut Apor's — mein Bräut'gam mag mich richten.

Bubek kommt mit **Apor.**

Bubek. Hier ist er!

(Maria verhüllt ihr Antlitz.)

Apor. Ja, hier bin ich, Majestät!

Elis. Apor! Ich athme!

Maria. Er! Apor!

Bubek. Apor!

Apor. Verwunderlich und doch natürlich, denk ich,

Nicht sittig ganz und doch so sträflich nicht.

Am späten Abend kam ich an. Ich konnte

Dem König nicht mehr huldigen — der Braut

Wollt' ich mich zeigen. Könnt Ihr mir verzeih'n?

Elis. Es ist nicht Sitte und es war nicht recht.

Ihr konntet außen weilen.

Apor. Wärest Du

Allein gekommen, träfest Du uns hier.

Doch dieser da verscheuchte uns.

Maria (sich ihm nähernd). Apor,

Du edler Mann!

Elis. Herr Kanzler von Bubek!

Ein Sünder steht wohl hier, doch kein Verbrecher. Bitt' ab!

Bubek. Ich habe mich getäuscht. Es freut mich!

Elis. Doch soll Dergleichen nimmermehr gescheh'n.

Ihr liebt Euch mehr, als räthlich. Ungeduld

Kann das Erlaubte sträflich machen. Diese

Darf nur als Frau das Morgenlicht noch seh'n.

Seid Ihr bereit, die Trauung gleich zu feiern?

Apor. Ich bin's.

Maria (bei Seite). Apor! Hältst Du mich Deiner werth?

Apor. Du bist's, die über meinen Werth mich schätzt.
Hätt' ich geschwankt, was ich vorhin gehört,
Hätt' mich entschieden.

Elis. (bei Seite). Zärtlich liebt er sie.
So ruft den Priester!

Cecco (stürzt aus dem Schlafgemach). Nein! Es soll nicht sein!
So lang' ich lebe, nicht!

Apor (auf ihn einbrechend). So stirb!

Elis. (dazwischen). Halt ein!
(Alle schweigen in großer Bewegung.)
Weh' über Dich, Verworf'ne! War Dein Stolz,
Der über alle Frauen Dich erhob,
Der Mantel nur, so tiefe Schmach zu decken,
Zu der kein and'res Weib sich je erniedrigt!
So lohnst Du einer Kön'gin Mutterliebe?
So eines Apor ritterliches Herz? —
Verzeih', Wojwode, was ich Dir gethan!
Ich meint' es gut; heut' mein' ich's Dir noch besser.
Lass' diese Hand, die schmutz'ge! Du bist frei!

Apor. Ich bin es nicht. Die Hand ist rein — (er faßt
Maria's Hand) und mein!

Elis. (erstaunt). Du hältst sie schuldlos? Wie beweisest Du's?

Apor. Damit, daß ich sie mir zum Weibe nehme.

Elis. Und Jener, der bei ihr verborgen war?

Apor. Ich selbst hab' ihn verborgen.

Elis. (mit Beziehung.) Ihr zuliebe?

Apor. Das sollst Du gleich erfahren, Königin.
Maria, hör' mich. Ist Dir dieser werth,
Regt sich Dein Herz, das seinen Tod nicht wollte,
Ihn lebend zu besitzen, sprich es aus,
Und Du bist frei. Ich leg' den Ring, der Dich
(Er zieht den Ring vom Finger)
Mir angelobt, in Deine Hand. Lass' nichts
Die Stimme Deines Herzens übertönen.
Schreckt's Dich, als ungetreu zu scheinen, denke Dir,
Daß ich Dir untreu war. Du glaubst es nicht?
Doch ist es möglich. Siehst Du in mein Herz?
Ich habe Dein Versprechen halb erzwungen.
Du konntest nur mich tödten oder sagen,

Daß Du mich liebst. So ließ Dich Deine Großmuth,
Vielleicht Dein Unglück statt des meinen wählen.
Nun bist Du frei. Entscheide! (Bei Seite.) Sie erbleicht!
Sie wägt den Ring! O kehrte dies Gewicht
In meine Hände nie zurück!

  Elis.   Maria!
Du schwankst! Du hättest Apor nicht geliebt?

  Maria. Hätt' ich es nicht, so müßt' ich jetzt ihn lieben.
(Auf Cecco blickend, bei Seite.) Hier Schande mit dem fremden
          Wegewand'rer,
Dort Ehr' und Großmuth, die sich selbst verklagt,
Um meinen Fleck mit ihrem Glanz zu decken!
Weicht, nied're Wünsche! Ehre, sei mein Hort!
Ich darf nicht schwanken. (Laut.) Apor, schwörest Du,
Daß Du mich rein hältst jeder Schuld?

  Apor.   Ich schwör' es.

  Maria. So bin ich Dein und herzlich bitt' ich Dich,
Nimm diesen Ring und glaub' an meine Treu'!
      (Sie steckt ihm den Ring an.)

  Apor (für sich). Es soll so sein!

  Cecco.   Maria! Stolzes Weib!
Du tödtest Dich und mich!

  Elis.   Unholder, schweig!
Dein Leben ist verwirkt! Faßt ihn! Er hat
Des Königs Bann geächtet! Hat sich hier
In einer sitt'gen Maid Gemach geschlichen.
Bist Du ihr Liebster?

  Cecco.   Nein.

  Elis.   Was bist Du dann?
Ein Dieb!

  Maria (entrüstet). Ein Dieb!

  Cecco.   Ein Dieb? (Marien anblickend.)
        Sie läßt's gescheh'n!
Kein Wort — kein Blick, mich vor der Schmach zu schützen.
      (Mit bitterm Lachen.)
Sei's um den Dieb. So schleppt mich fort!

(Zwei Leute wollen ihn fassen, während Apor Miene macht, dazwischen zu treten. Mittlerweile ist im Hintergrunde Ludwig aufgetreten, mit ihm Duczi und Katharina, welche ihm mit der Miene des Erkennens Cecco bezeichnet. Ludwig antwortet mit einem beruhigenden Wink und bedeutet Duczi, Katharinen wegzuführen. Während die Beiden rasch abgehen, tritt Ludwig vor, in demselben Augenblicke, als Cecco gefaßt wird.)

Ludw.   Zurück!

Alle. Der König!

Elif. Wie, den Frechen willst Du schirmen,
Der in Maria's Schlafgemach ...

Ludw. (mit heiterer Ironie, die er bis zum Schlusse der Scene
bewahrt). So weit!
Ei, edler Cecco von Carrara —

Elif.   Wie?

Alle (in Bewegung). Der Prinz Carrara?

Maria (entzückt, für sich).   Ja! Er mußt' es sein!
Und doch — verloren!

Ludw. (den knienden Cecco aufhebend und an sich schließend).
Bis in's Schlafgemach?
So weit trieb Euch mein Jähzorn?

Cecco.   Herr —

Ludw.   Schon gut!
Nichts von Entschuld'gung! Wär's nicht meine Schuld,
Ihr solltet büßen und das Mädchen frei'n.

Cecco. Willkomm'ne Buße! — (Bitter.) Doch zu harte Buße
Für die Unschuld'ge. (Auf Maria deutend).

Ludw.   Wie? Sie liebt Dich nicht?
Sie öffnet Dir die Thür, doch nicht das Herz?
Ich hab' es oft verkehrt gehört.

Cecco.   Mein König,
In Worten sagte sie's, daß sie mich hasse,
Doch glaub' ich's nicht. Nun zeigt sie's durch die That.
Sie hätte mich als Dieb brandmarken lassen
Und nicht ein Wort gesagt.

Maria (schmerzlich).   Weh' mir!

Ludw. (sie mit leisem Spott betrachtend)   So stolz!
Und doch, ein Kenner sagte — irr' ich nicht,
So war's Apor — (Apor macht eine Bewegung, die der König
geflissentlich übersieht.) „Die stolzen Weiber sind
Die Unterwürfigsten, sobald sie lieben."
So hart, Maria?

Apor (vortretend). Herr, bedenkt, Ihr sprecht
Mit meiner Braut!

Ludw.   Sieh' da, Apor! Schon hier?
Ich seh' Dich spät, mein Freund!

Apor (in Verwirrung).   Zu spät, mein König,
Schien mir die Stunde, Deine Ruh' zu stören.

— 80 —

Ludw. Doch nicht zu spät für Deine Braut? (Auf Cecco
blickend.) Wer weiß?
Ein Augenblick noch und Du kamst zu spät.

Apor. Herr, Euer Scherz beleidigt sie und mich.

Ludw. So heiß! So nachsichtsvoll! Die letzte Liebe
Geht, merk' ich, selbst dem König vor. Nicht wahr?

Apor. Das sagt' ich nicht.

Ludw. Wie? Nicht die letzte Liebe?
Gibt's eine allerletzte noch? Du schweigst?
Italien ist ein Wunderland. Dort weh'n
Orangenblüthen, wenn der Schnee hier hoch liegt.
Ist Dir am End' dort eine Blüthe noch
Von Liebesherbst verspätet aufgegangen?
Man sprach mir so von einem schönen Kind,
Das meinen Feldherrn aus der Knechtschaft löste?
(Für sich.) Er flammt! Ich hab's errathen. Katharina
Kam ihm zulieb und nicht um ihren Bruder.
(Laut.) Nun, sprich doch, Freund!

Apor. Es scheint, der König schickt
Viel bessere Spione aus, als Feldherrn.

Ludw. (lachend). Das war dies einemal nicht schwer.

Apor. Doch seh'n
Spione, wie die Kön'ge, nur die That
Und nicht das Herz.

Ludw. Was soll dies weise Wort?

Apor. Ich hab' die Schlacht verloren — doch ich kann
Dem König in die Augen seh'n. Die Ehre
Ist mir gewahrt.

Ludw. Aha, das Lied vom Wort.
„Die letzte Liebe, weil ich will!" (Er soll mir büßen.)

Apor. Ich lös' mein Wort ein durch die freie That.

Ludw. Die freie That?

Apor. Maria gab mich frei.
(Maria nickt zustimmend.)

Ludw. Versteh' ich recht, so ruht Dein Stolz darin,
Sie just zu nehmen, weil Du sie nicht liebst?
(Er wär's im Stand!)

Apor (auffahrend). Nicht liebt? Wer sagt Dir das?
(Für sich.) Hab' ich geopfert, was mir mehr, als heilig,
Mein Herz getödtet, um so hier zu steh'n!
Verflucht!

Ludw. (der nach dem Hintergrund gesehen, ob Katharina kommt).
     Wer mir's gesagt? Nun — mein Spion.

Apor. Ich kenne ihn, den biedern Schuft, — den Heuchler!
Dort steht er! (Er zeigt auf Servaz.) Her, Servaz! — Laßt
        ihn nur reden
Um seinen Lohn — das letzte Wort bleibt mir.

Serv. Mein Herr befiehlt?

Ludw. (bei Seite).   Gut, er verräth sich selbst.
Am End' ist's ihm willkommen. (Laut.) Sprich, mein Junge,
Weißt Du etwas von einer wälschen Dame,
Mit der Dein Herr —

Serv.   Was? Darf ich?

Apor.   Fragst Du, Schuft?
Der König zahlt Dich, sprich, wie er Dich fragt.

Serv. Er glaubt', es wär' ein Junker und schloß Freundschaft.
Doch da es aufkam, stieß er sie von sich, als
Wär' er ein Mönch und sie ein Huhn am Freitag.

Elif. Ah! Brav, Apor!

Ludw.   Vortrefflich abgerichtet.

Apor. Mein König — es ist Dein Spion, nicht meiner.

Serv. Spion! Kommt Ihr mir so? Bei meinem Schnurbart,
Das ist zu viel! Dafür soll ich die Selma,
Die erste lassen, die mir richtig tischt?
Nun sollt Ihr Wahrheit hören, Majestät.
Mein König, ja, er hat sie (er macht einen spitzen Mund).

Ludw.   Und was weiter?
Geküßt hat Dein Gebieter viele Frau'n,
Darauf allein läßt sich kein Urtheil bau'n.

Serv. Herr, so wie die, hat er kein Weib geliebt,
So wie an ihr, ist er noch nie zerschmolzen —
Man konnte ord'ntlich seine Seele riechen.
Es war kein Ritter mehr, ein Schäferknabe,
Der um sein Lämmchen weint. Von Gluth und Flammen,
Mit denen er die Weiber sonst verzehrt,
War keine Spur. Er weinte fast, ja weinte
Vor sanfter Zärtlichkeit. Er hätte sie
Auf seinen Armen in den Schlaf gewiegt,
Sie einsam über's Meer gebracht und doch
Sie nicht berührt — so seltsam liebt er sie.
Da habt Ihr's — nun lügt Euch hinein in's Unglück,
Wenn Ihr noch könnt.

Ludw.   Du haſt's gehört, Apor.
Sträub' Dich nicht länger und geſteh'! Dein König
Hat Dir vorausgeſagt, was heut' geſchieht.

Eliſ. Mein König, ſchone ſein!

Maria.   Apor, laß' Scham
Nicht über Dich entſcheiden. Du biſt frei.

Apor (in äußerſter Ungeduld). Bin ich ein Knabe? Schenkt
                    man mir die Strafen?
Was iſt's mit Schonung, Scham? Was ſoll das mir?
Ich habe mich verlobt, hab' Treu' geſchworen,
Komme treu zurück und weil ein Abenteuer —

Katharina, in lichter Farbenpracht, mit **Selma,** die ihr die Schleppe
trägt, und zwei **Damen** erſcheinen im Hintergrunde, **Duczi.** Sie hört das
Folgende unbemerkt an.

Ludw. Pfui! Abenteuer — ein unwürdig Wort!

Apor. Ein Traum der Seele — ja, ein ſchöner Traum.
Ich habe meine Jugend überſprungen
In tollem Lauf — dies Weib im Knabenkleid
War mir ein Nachgeſchmack verlor'ner Jugend.
Schön, doch zu hoch — ein Kind, kein Eh'gemal.

Ludw. Und wirſt Du dieſen Traum, ſo leicht er ſchwand,
Vergeſſen?

Apor (mit elegiſcher Entſchloſſenheit).
                    Man vergißt. Es gibt nur Eins,
Was eine brave Seele nie vergißt:
Das iſt der Makel an dem innern Spiegel,
In dem der Menſch ſich ſelbſt beſchaut. Mein Fürſt,
Du meine Braut — Ihr ſeht mich ſtark verändert,
Doch nicht zum Schlechtern. Viel hab' ich empfunden
Und viel gedacht — das dank' ich jener Edlen,
Die mich zurückrief, da ich mich verlor.
Ich war ein Narr, als Knabe wollt' ich mich
Mit Männern meſſen und als Mann noch tändeln,
Wie's Knaben dürfen und der Punkt war nah',
Wo aus dem Narren bald ein Schelm wird. Halt!
Ruft hier die Ehre — denn es muß das Spiel
Ein Ende haben mit dem Einſatz — wer
Sich ſelbſt verſpielt, kann nimmermehr gewinnen
Und wer ſich ſelbſt hat, hat noch nichts verloren.

Elif. Ein edler Mann! Maria, schätze ihn!
Ludw. (zur Königin). Ein Narr! (Laut.) Und glücklich?
Bist Du glücklich so?
Apor. Ich will es sein und hoff' es so zu werden,
Weil ich des Glückes Grenzen hab' erkannt.
Nicht, was der Mensch begehrt: nur was er soll,
Ist sein Geschick und darin such' er Glück.
Maria. O, Du hast Recht, mein edler Bräutigam!
Und sprichst Maria aus der innern Seele!
Elif. (zu einem Edlen). Fragt, ob der Geistliche bereit.
(Edler ab.) Mein König!
Du siehst, es will der Himmel diesen Bund.
Da sie sich halten und durch keine Macht
Sich trennen lassen. Ist das Liebe nicht,
So ist es mehr und ew'ger Treue Bürgschaft.
Ludw. (hat Katharina gesehen). So wollt Ihr Euch?
Apor.
Maria. Ja.
Ludw. Die Capelle harrt!
Nun denk' des Mädchens in Italien.
Apor (Maria's Hand fassend). Nenn' Jene nicht — sie ist
mir fern und todt.
Kath. (welche die Stufen herabgekommen, für sich). Fern ihm
und todt! O wär' ich Aermste Beides!
Ludw. Doch wär' sie nah', wie würdest Du besteh'n?
Elif. Laß ab, o Herr!
Apor. Sie war mir näher,
Als sie es je sein wird und ich bestand.
Ludw. So geht zum — Priester.
(Auf ein Zeichen der Königin öffnen sich seitwärts zwei Thüren, die zur
erleuchteten Capelle führen. Apor und Maria wollen gehen, Maria hängt
mit einem langen Blick an Cecco, der sich nicht fassen kann.)

Cecco (dazwischen). Nein und nein!
Kath. (beschwichtigend). Mein Bruder!
Cecco. Du! Katharina!
Elif. Dies ist?
Ludw. Katharina
Von Padua, die — ihrem Bruder folgte. (Er spricht leise zur
Königin, welche sich Katharinen nähert.)
Apor (der sprachlos gestanden). Sie hier, sie hier!
Maria. Rodolfo! Ah!
6*

Apor (hinstarrend, für sich).   Sie ist
Zu schön. Sie ist zu schön. Kann ich's vergessen?
Ich habe sie an meiner Brust gefühlt.
Ich habe diese Stirn geküßt. Ich war
Von dieser Arme weicher Kraft umfangen,
Von dieser Lippen Odem angehaucht . . .
Dies hohe Weib, dies holde Kind war mein.
Nur minder schön, da sie die Meine war,
Und nun sie so viel schöner, nicht die Meine.
Des Frauenstolzes freies Diadem,
Das sanfte Roth der Scham, das heut' sie schmückt,
Das fehlte damals. O, wie ist sie schön!
Wie sie mich ansieht! Ich verliere mich.
    Maria. Herr, Vieles ist mir klar. Ihr habt die Dame,
Die Euer Herz erkor, als Späherin
Zu Eurer Braut geschickt. Rodolfo mag
Euch sagen, daß Maria schwach war, aber
Falsch war Apor! Hier nehmet Euren Ring!
    Apor. Ich faß' Dich nicht. O schone mein, Maria!
    Elis. (die widerstrebende Katharina zu Apor führend). Seht ihm
                            in's Antlitz — ob er das erträgt!
    Kath. (zur Königin). Ihr irrt Euch in uns Beiden. Mich
                                                    hat nur
Die Sorge um den Bruder hergebracht.
Der König irrt . . .
    Elis.   So sagt dem Ritter doch,
Den ihr aus der Gefangenschaft befreit,
Ein Lebewohl, bevor er neu sich bindet.
    Kath. (tritt vor Apor). Ich grüß' Euch, Herr, zwar nah,
                                        doch Euch, wie todt!
    Apor (sich zaghaft nähernd). O zürne nicht in dieser schweren
                                                    Stunde,
Der letzten Stunde, die Du mir noch lebst.
Du warst mir todt und heilig, warst begraben.
Nun stehst Du plötzlich auf, ein böser Geist
In Engelsform. O wärest Du geblieben,
Wie ich Dich sah und liebte — wärest Du
Ein Jüngling doch! — Ich darf nicht mehr d'ran denken,
An jene Stunde, die Dich mir gebracht,
Da ich an's Herz Dich schloß, so warm, so rein.
(Da sie sich abwendet.) Verzeih'! Es war nicht meine Schuld!
                    Verzeih'! (Er kniet nieder.)

Kath. Verzeihen heißt vergessen.

Cecco.   Katharina!
Was sollen diese Thränen?

Apor (aufstehend).   Lebe wohl!
Maria, falsch haft Du Apor genannt.
Ich bin es nicht und will es Dir beweisen.
Folg' mir zum Altar!

Ludw.   Ist der Mann verrückt?
Und Du, Maria, folgst Du ihm?

Mar. (seine Hand fassend).   Ich folge,
Wenn er befiehlt!

Ludw. (zu Elisabeth). Nun siegt die Königin.
Du hattest Recht. Die Beiden sind ein Paar,
Wie's die Natur nicht oft so passend zeugt.
Nun zur Capelle, um Dein Werk zu krönen!

Elis. (vortretend). Ich b i n beschämt. Muß mich mein Fürst
                              noch höhnen?
Apor, Du Treuer und doch Ungetreuer!
Verstocktes Ungarherz — so strafst Du mich?
Du darfst nicht straucheln? (Zu Maria.) Und Du
                              darfst nicht fehlen?
Gut denn. Sind lauter Unfehlbare hier,
So soll's doch Eine geben, die gesteht,
Wo sie gefehlt: Das ist Elisabeth.
Mein König, lasse diesen Bund nicht zu,
Der Gott verhöhnt und seinen Altar schändet.
Apor, gesteh', Du hast Maria nie
Geliebt. (Apor schweigt, sie faltet die Hände.)
          Ich bitte Dich, thu' mir's zuliebe,
Laß' diese Hand (sie löst Maria's Hand aus der seinen)
                    Und mach' die Thorheit gut —
Ja, m e i n e Thorheit — ist Dir das genug?

Apor. O Königin!

Ludw.   Ja, schäme Dich, Du Bär,
Wie's keinen gröbern gibt in Siebenbürgen!
Mein fürstlich Weib! (Er küßt ihr die Hand.)

Elis. (zu Katharina). Ich schulde ihm ein Weibchen.
(Die Hände faltend.) Nimm ihn! Nimm ihn!

Kath. (sinkt ihr zu Füßen).   O holde Königin!

Apor (gleichfalls). Ich bin's nicht werth!

Elis. Und Du, Maria (sie faltet ihre Hände).

Mar. (ihr zu Füßen). **Mutter!**

Elif. (zu Cecco). Wollt Ihr mein Sohn sein?

Cecco (neben Maria knieend). O, wie gern', wie gern!

Selma (niederknieend). Welch' eine Königin!

Serv. (desgleichen). O Königin
Der Königinnen!

Elif. Steht noch Einer aufrecht?

Duczi. Der Kanzler hier! Gebt ihm ein schönes Weib
Und mich zum Pagen!

Bubek. Schweig', Du grüner Specht!

Elif. Da liegen sie. Ja, gleich ist man die Gute,
Gesteht man nur, daß And're besser sind.
Nun, steht nur auf und irrt Euch nicht. Du nimmst
(Zu Apor) Die Schöne hier? (Apor nickt) Und Du
(zu Maria) den Andern?

Serv. Und ich die Dritte! (Auf Selma deutend.)

Elif. (lachend). 's geht in einem Strich.
Nun aber steht mir auf und beugt mit mir
Das Knie vor Dem, der Alles früh durchschaut hat!

(Sie will sich vor Ludwig beugen, der sie aufhält.)

Ludw. Ein Weib, das seinen Irrthum eingesteht!
Ich beuge mich vor solcher Majestät. (Orgelton.)
Nun zum Altar! (Während sich Alle gruppiren, küßt Servaz Anselma.)

Serv. So endet Alles heiter
Ich hab' ein Weib! Ein Weib! Gott helfe weiter!

Der Vorhang fällt.

Ludwig Doczi.